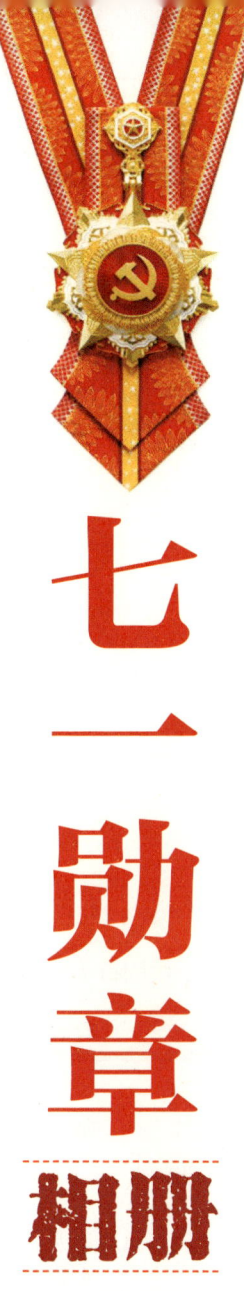

七一勋章相册

《七一勋章相册》编委会
中国行为法学会廉政研究委员会 编

新华出版社

图书在版编目（CIP）数据

七一勋章相册 /《七一勋章相册》编委会，中国行为法学会廉政研究委员会编.--北京：新华出版社，2021.10

ISBN 978-7-5166-6048-5

Ⅰ.①七… Ⅱ.①七… ②中… Ⅲ.①中国共产党-模范共产党员-先进事迹 Ⅳ.①D263

中国版本图书馆CIP数据核字（2021）第193736号

七一勋章相册

编 者：《七一勋章相册》编委会 中国行为法学会廉政研究委员会	
责任编辑：杨 静 丁 勇	封面设计：朱江工作室
出版发行：新华出版社	
地 址：北京市石景山区京原路 8 号	邮 编：100040
网 址：http://www.xinhuapub.com	
经 销：新华书店	
新华出版社天猫旗舰店、京东旗舰店及各大网店	
购书热线：010-88610204	中国新闻书店购书热线：010-63072012
照 排：朱江工作室	
印 刷：北京鑫益晖印刷有限公司	
成品尺寸：170mm×240mm 1/16	
印 张：14	字 数：180千字 228幅插图
版 次：2021年10月第一版	印 次：2021年10月第一次印刷
书 号：ISBN 978-7-5166-6048-5	
定 价：68.00元	

版权专有，侵权必究。如有质量问题，请与出版社联系调换：010-88610204

《七一勋章相册》编辑委员会

主　任　江必新　董治良
副主任　郝广保　邵长河　梁相斌
　　　　孔祥仁　任　军　边保华
　　　　韦大乐　吕广伦　王伦轩
　　　　张文祥　崔耀中　冯　丰
委　员　魏长亮　常静元　金　军
　　　　李大年　苏海洋　钱　伟
　　　　苏　斌　王潇雅

编写组

主　编　梁相斌
副主编　梁秋克
委　员　焦龙梅

总策划

冯丰　钱伟

七一勋章

七一勋章

"七一勋章"是党内最高荣誉,以朴素、庄重为主要设计理念,以红色、金色、白色为主色调,使用冷压成型、花丝镶嵌、彩丝织锦等工艺制作。

章体采用党徽、五角星、旗帜、丰碑与光芒、向日葵、大山大河、如意祥云等元素。党徽体现党的领导和核心地位,五角星象征共产主义崇高理想与薪火相传,丰碑与光芒寓意党的辉煌历程与丰功伟绩,向日葵象征全党全国紧密团结在党中央周围,大山大河体现党员的理想和追求,如意祥云寓意祖国繁荣昌盛、和谐发展,旗帜寓意在党的领导下,为实现革命理想而永远奋斗。有别于国家勋章和国家荣誉称号奖章的金属章链,"七一勋章"使用织物绶带,采用向日葵、光芒、星光等元素。寓意在党的阳光沐浴下,勋章获得者一心向党,全心全意为人民服务,不忘初心、牢记使命、砥砺前行。

在"七一勋章"颁授仪式上的讲话

（2021年6月29日）

习近平

同志们：

今天，在庆祝中国共产党成立一百周年之际，我们在这里隆重举行仪式，将党内最高荣誉授予为党和人民作出杰出贡献的共产党员。

首先，我代表党中央，向"七一勋章"获得者，表示热烈的祝贺！致以崇高的敬意！

一百年来，我们党矢志践行初心使命，团结带领人民开辟了伟大道路、建立了伟大功业、铸就了伟大精神、积累了宝贵经验，在中华民族发展史和人类社会进步史上写下了壮丽篇章。

一百年来，一代又一代中国共产党人，为赢得民族独立和人民解放、实现国家富强和人民幸福，前仆后继、浴血奋战，艰苦奋斗、无私奉献，谱写了气吞山河的英雄壮歌。

今天受到表彰的"七一勋章"获得者，就是各条战线党员中的杰出代表。在他们身上，生动体现了中国共产党人坚定信念、践行宗旨、拼搏奉献、廉洁奉公的高尚品质和崇高精神。

——坚定信念，就是坚持不忘初心、不移其志，以坚忍执着的理想信念，以对党和人民的赤胆忠心，把对党和人民的忠诚和热爱牢记在心目中、落实在行动上，为党和人民事业奉献自己的一切乃至宝贵生命，为党的理想信念顽强奋斗、不懈奋斗。

心中有信仰，脚下有力量。全党同志都要把对马克思主义的信仰、对中国特色社会主义的信念作为毕生追求，永远信党爱党为党，在各自岗位上顽强拼搏，不断把为崇高理想奋斗的实践推向前进。

——践行宗旨，就是对人民饱含深情，心中装着人民，工作为了人民，想群众之所想，急群众之所急，解群众之所难，密切联系群众，坚定依靠群众，一心一意为百姓造福，以为民造福的实际行动诠释了共产党人"我将无我、不负人民"的崇高情怀。

江山就是人民，人民就是江山。全党同志都要坚持人民立场、人民至上，坚持不懈为群众办实事做好事，始终保持同人民群众的血肉联系。

——拼搏奉献，就是把许党报国、履职尽责作为人生目标，不畏艰险、敢于牺牲，苦干实干、不屈不挠，充分展示了共产党人无私无畏的奉献精神和坚忍不拔的斗争精神。

越是伟大的事业，越是充满挑战，越需要知重负重。全党同志都要保持"越是艰险越向前"的英雄气概，保持"敢教日月换新天"的昂扬斗志，埋头苦干、攻坚克难，努力创造无愧于党、无愧于人民、无愧于时代的业绩。

——廉洁奉公，就是保持共产党人艰苦朴素、公而忘私的光荣传统，从不以功臣自居，不计较个人得失，不贪图享受，守纪律、讲规矩，生动体现了共产党人应有的道德风范。

共产党人拥有人格力量，才能赢得民心。全党同志都要明大德、守公德、严私德，清清白白做人、干干净净做事，做到克己奉公、以俭修身，永葆清正廉洁的政治本色。

"七一勋章"获得者都来自人民、植根人民，是立足本职、默默奉献的平凡英雄。他们的事迹可学可做，他们的精神可追可及。他们用行动证明，只要坚定理想信念、坚定奋斗意志、坚定恒心韧劲，平常时候看得出来、关键时刻站得出来、危难关头豁得出来，每名党员都能够在民族复兴的伟业中为党和人民建功立业！

同志们！

新时代是需要英雄并一定能够产生英雄的时代。中国共产党要始终成为时代先锋、民族脊梁，党员队伍必须过硬。希望受到表彰的同志珍惜荣誉、发扬成绩，争取更大光荣。各级党组织要从工作和生活上关心爱护功勋党员，大力宣传"七一勋章"获得者的感人事迹和崇高品德，在全党全社会形成崇尚先进、见贤思齐的浓厚氛围，激励广大党员、干部牢记党的性质宗旨，牢记党的初心使命，不懈奋斗，永远奋斗，在全面建设社会主义现代化国家新征程上，向着第二个百年奋斗目标、向着中华民族伟大复兴的中国梦奋勇前进！

（新华社北京2021年6月29日电）

七一勋章

目录

▶ **向党和人民报告**
　　——"七一勋章"获得者速写 / 1

▶ **第一篇**
　　"七一勋章"获得者获奖仪式 / 11

▶ **第二篇**
　　中共中央关于授予"七一勋章"的决定 / 25

▶ **第三篇**
　　获奖者事迹及人生精彩瞬间 / 31

马毛姐：
闻名全国的"渡江英雄" / 33

王书茂：
"为国护海"深刻心中，一颗红心永远向党 / 39

王占山：
用一次次优异的战绩，回报党给的第二次生命 / 45

王兰花：
　　为民服务不退休，满城尽是"兰花"香 / 51

艾爱国：
　　"做事情要做到极致、做工人要做到最好" / 57

石光银：
　　"我活一天就要栽一天树，治一天沙！" / 63

吕其明：
　　一生坚持歌颂党、歌颂祖国、歌颂人民 / 69

廷·巴特尔：
　　要做一个好牧民，永远信党爱党在党 / 75

刘贵今：
　　在传承中非友谊、深化中非合作中担当作为、倾情奉献 / 81

孙景坤：
　　英雄解甲归田，烂泥潭变成米粮川 / 87

买买提江·吾买尔：
　　敢管会管的好支书，退休不退岗终生奉献民族团结进步 / 93

李宏塔：
　　出生"名门"的清官　时刻活在老百姓中间 / 99

吴天一：
   一生只做一件事，高原生命守护神 / 105

辛育龄：
   "白求恩式的医生"，无影灯下的"不老松" / 111

张桂梅：
   点亮大山女孩梦想的"校长妈妈" / 117

陆元九：
   突破重重阻力回到祖国怀抱，已过百岁仍然躬耕育人 / 123

陈红军：
   新时代革命军人的杰出代表 / 129

林　丹：
   扎根社区四十余年的"小巷总理" / 135

卓　嘎：
   戍边的卫士，国家的坐标 / 141

周永开：
   "一直到死，争当一名合格的共产党员。" / 147

柴云振：
   "活着的烈士"，《谁是最可爱的人》原型之一 / 153

郭瑞祥：

多想让老战友们也能一睹今日芳华 / 159

黄大发：

大山里的老愚公，"生命到哪一天，就干到哪一天" / 165

黄文秀：

扶贫路上谱写新时代的青春之歌 / 171

黄宝妹：

"真正的仙女是我们的纺织女工" / 177

崔道植：

传奇的英雄　无悔的忠诚 / 183

蓝天野：

"未来可期，不言别！" / 189

魏德友：

为国戍边　初心不改 / 195

瞿独伊：

与党同岁赓续红色基因　满腔热情一生忠诚为党 / 201

▶ 致　谢 / 207

向党和人民报告

——"七一勋章"获得者速写

这一刻，荣耀无限。

中国共产党百年华诞之际，习近平总书记向"七一勋章"获得者颁授勋章。

这是党和人民对一名共产党员的最高褒奖。

29名"七一勋章"获得者，有4位已是百岁高龄；还有3位已离世，其中最年轻的一位永远留在了30岁的芳华。

他们以毕生奋斗，向党和人民报告：

这一生，初心不改，矢志不渝！

▶ 他们播撒下清澈的爱

高原深处的加勒万河谷，青山肃立。牺牲在这里的中国人民解放军某部原分队长陈红军，永远缺席了这次授勋仪式。

为了捍卫国家主权和领土完整，这位33岁的父亲，还没有来得及看一眼未出世的孩子。

英雄清澈的爱，党和人民不会忘记！

翻开72年前"百万雄师过大江"的史册，"一等渡江功臣"马毛姐的故事震撼人心。

子弹迎面袭来，打烂了船帆，击中她的右臂。14岁的安徽无为县渔家少女紧咬牙关，一手掌舵、一手划桨，向长江南岸冲去。

"不怕死吗？"

86岁的老人豪气未减："我当时只有一个念头，把解放军送过江，对岸的穷人才能过上好日子！"

抗美援朝战争金城战役已经打了4天4夜，敌军疯狂反扑38次，都被王占山率队击退……

"排长！排长！"战士们两次把他从炸弹坑中挖出来，醒转了他就继续指挥战斗。

"死而复生"的，还有孤胆冲锋、歼敌百人的志愿军"一级战斗英雄"柴云振。组织最终找到他时，这个"失踪"的英雄已回乡务农33年。

为什么对自己的功劳不提不念？他只说了一句：

"我不是英雄，那些牺牲了的战友才是真正的英雄！"

以身许国，他们无所畏惧。硝烟散去，他们深藏功名。

许多年后，因为一件挂满军功章的破旧军装"刷屏"了，辽宁省丹东市元宝区金山镇山城村的村民才知道，带领他们修沟渠、战贫困的老生产队长孙景坤，竟是在辽沈、平津、解放海南岛、抗美援朝等战役战争中战功赫赫的大英雄！

从不向组织开口、伸手。20多处伤疤、留在身上的弹片，是这位老兵自己珍存的回忆。

为了民族独立解放，为了国家繁荣富强，时代大潮翻涌向前，共产党人挺立搏击。

蹲在排列整齐的纺织机前，灵巧的双手在纱锭上翻飞——黑白照片记录下第一代劳模黄宝妹的身影。

年仅22岁的她一人能照看800个纱锭，而一般工人大概是600个。

旧社会，黄宝妹在日本人开的棉纱厂当童工，动作稍慢，就会被工头毒打。新中国百废待兴，"这双手终于属于自己了"，她立誓"要为国家纺出更多的棉纱"！

车间常年燥热如酷暑，机器轰鸣声巨大，女工们的手被勒出了血，下班后经常吃不下饭、听不见声，可是黄宝妹带头坚守、争分夺秒，她所在的上海第十七棉纺织厂为国家贡献了大量优质棉布。

"我的战场永远在这里。"曾有机会当干部，也曾有机会当专业演员，可黄宝妹却主动要求回车间，42年冲在一线。

69岁的治沙英雄石光银依然守着毛乌素沙漠："活一天，就得栽一天树。"1984年，陕西定边县海子梁乡南海子农场场长石光银砸掉"铁饭碗"，承包治理荒沙，成了众人眼里的"疯子"。

沙到哪里，石光银就睡在哪里。为了战沙，他变卖家产、负债累累、痛失爱子……数十年来，硬是带领乡亲们筑起一条百余里长的"绿色长城"。

与贫瘠的命运抗争，为人民的幸福而战，这就是共产党人的使命。

唯一的水源，在三重山外。

"一两百号劳力，能凿通三座山？"31年前，面对乡亲们的质疑，贵州省遵义市播州区平正仡佬族乡原草王坝村党支部书记黄大发撂下狠话："水过不去，拿命来铺。"

靠着锄头、钢钎、铁锤和双手，一条9400米的"天外来渠"凿成了！

水引来了，路修通了，贫困的帽子摘掉了！年逾八旬，他仍奋战在乡村振兴的一线："共产党员就是要干一辈子，不干半辈子。"

而返乡担任广西百色市乐业县新化镇百坭村驻村第一书记的黄文秀，把刚刚开始的一辈子，献给了她眷恋的土地。

遍访贫困户、推广种植砂糖橘、建立电商服务站……驻村一周年的那天，她已在崎岖的扶贫路上奔波了两万五千公里。

"长征的战士死都不怕，这点困难怎么能阻拦我前行？"面对基层工作的种种挑战，她冲锋在前。谁能想到，匆匆的脚步因为一场山洪戛然而止。

"文秀只是1800多位牺牲在脱贫攻坚战场的英雄中的一个。"姐姐黄爱娟抚摸着这枚沉甸甸的勋章说，"在祖国最需要的时刻，他们贡献了光和热。"

▶ 他们扎下了最深的根

"祖国，我回来了！"1956年6月，陆元九终于冲破美国政府的重重阻力，踏上他魂牵梦萦的土地。

一颗在惯性导航技术领域冉冉上升的"新星"，从此隐没在国际学术舞台。若干年后，当"两弹一星"升腾在东方的苍穹，陆元九的名字方为世人所知。

半个多世纪，陆元九在惯性导航和自动化领域所做的开创性、基础性工作，为我国卫星、火箭、导弹等领域的快速发展提供了重要支撑，已过百岁仍然躬耕育人，"一代一代还要继续接力"！

心之所向，就是根之所系。

20世纪50年代末，从朝鲜战场归来的塔吉克族战士吴天一，又一次响应党的号召，奔赴雪域开展高原病研究。

帐篷扎在生命禁区，实验室建在世界屋脊，白天他与牦牛为伴，夜晚独坐酥油灯前。为了建设首个模拟高海拔环境的实验氧舱，急速下降的气压打穿了他的鼓膜；为了采集一手的数据资料，他多次遭遇车祸，全身14处骨折……

"青藏高原是我生命的根。"87岁的吴天一仍在跋涉，"我还要和时间竞走，有生之年继续和高原病战斗到底！"

风雨兼程，他们与人民，如同种子与泥土紧紧相依。

1974年，内蒙古锡林郭勒盟阿巴嘎旗萨如拉图雅嘎查，当淳朴的牧民把自家舍不得吃的面条端上来，19岁的下乡知青廷·巴特尔的心被深深刺痛了。

"乡亲们不该这么苦！"巴特尔的父亲廷懋是新中国开国少将，从父亲身上，这个蒙古族青年继承了勇猛无畏，还有责任担当。

他学打草、放羊、种树、开拖拉机，与嘎查里的姑娘结了婚……这一待，就是40多年。当年下乡的60多位知青，只有他留了下来，带领牧民，把"沙窝子"变成了"幸福窝"。

山高水长，祖国的每一寸土地，都印着他们的足迹。

1964年，24岁的山东小伙儿魏德友来到狼嚎不断、风雪埋人的萨尔布拉克草原。

家住路尽头，种地是站岗，放牧是巡逻……天地苍茫，魏德友习惯了在脖子上挂一个收音机。40多双破了洞的鞋子，曾默默陪他走过20多万公里。

半个多世纪，战友们陆续离开，这座"活界碑"还在。二女儿魏萍接过父亲的羊鞭，"根在这里，心才安宁"。

33年前，同样接过父亲的拐杖，年轻的藏族姑娘卓嘎扛起西藏隆子县玉麦乡乡长的担子，行走在为国巡边的路上。

从喜马拉雅山南麓的日拉雪山上往下望，这条边境线在牧场和原始森林中若隐若现，走上一次要七天七夜。

走累了，卓嘎会仰望雪山，想起爸爸捧着亲手缝制的那一面五星红旗，告诉她"家是玉麦，国是中国"。

南海之滨，琼海市潭门海港。老船长王书茂最爱远眺一道道挂着五星红旗的船桅从海平面"升起"，直到大大小小的渔船归家靠岸。

潭门渔民世代守护和耕耘着这片海。王书茂战过台风，护过岛礁，把全身被紫外线灼伤的皲裂视作"成长的记忆"……

如今，发展休闲渔业、建设海上民宿让渔民渐渐告别了昔日赶海的辛苦，当选新一任潭门镇潭门村党支部书记的王书茂依然喜欢钻进颠簸的船舱。"根在船上，船锚就是身后的祖国"。

有了更深沉的爱，才有更磅礴的力。

68岁的退休干部买买提江·吾买尔，在村党支部书记岗位上勤勤恳恳30余年，把贫困的新疆维吾尔自治区伊宁县温亚尔乡布力开村，变成全县排名第一的"富裕村"。

给孤寡老人当女儿，给失足青年当妈妈，给全体居民当"保姆"……福建福州市鼓楼区东街街道军门社区党委书记林丹凭着一颗热心和一双脚板，把一个有着3500多户居民的老旧小区变成了拥有170多项荣誉称号的模范家园。

放弃了当领导的机会，婉拒了"赚大钱"的邀约，湖南华菱湘潭钢铁有限公司焊接顾问艾爱国把毕生积累的十多万字技术笔记、数百项焊接工艺献给国家，带出了数百名跻身世界制造舞台的"钢铁裁缝"……

来北京领奖的这段时间，云南省丽江市华坪女子高级中学党支部书记、校长张桂梅的手机响个不停，那是高考后的学生们向"校长老妈"报喜。

13年来，她亲手创办的这所公办免费女子高中，已累计走出2000多名大山女孩。

曾经难愈丧夫之痛的张桂梅，在这片大山里得到了淳朴无私的帮助，她要掘一口教育的清泉，报答人民的滴水之恩。

每天清晨，她一边巡视，一边用喇叭喊话，催促学生跑步进教室；到了假期，她就背上面包、矿泉水，徒步去山里家访。

近12万公里的家访路，相当于绕地球3圈。这个吞着药片、伤病难行的弱女子，激励着孩子们"向前走"："祖国哪个地方需要，就上哪个地方去！"

▶ 他们追寻着大道的光

大案疑案，无一错案。1955年至今，我国第一代刑事技术警察崔道植检验鉴定的痕迹物证超过了7000件，平均每3天鉴定一件。

很少人知道，当年入行时刚刚21岁的小伙子，曾对着一张张弹道轨迹的照片，做过多少次试验、比对过多少种可能。

"很笨很笨，但必须这么做。"即使现在早已蜚声海外，他依然会第一时间赶到现场，独自思考到深夜。

"技术手段或有穷尽，公平正义没有止境。"

人间正道是沧桑。他们守住了道，就守住了心。

中国医生真的能在不使用麻醉药品的情况下完成手术？

1972年2月，美国总统尼克松访华期间，代表团点名要求参观辛育龄的开胸手术。在全程的摄影记录中，针灸师用一根针在病人前臂外侧的穴位上扎针捻动，辛育龄随后实施了右肺上叶切除术。原本需要两三个小时的手术，只用了72分钟，且病人全程清醒无痛苦。

"奇迹"竟是辛育龄在自己身上试出来的！从亲身体验在针麻状态下切阑尾，到用镊子夹皮肤测试止痛效果，他最终锁定针灸麻醉镇痛效果最好的穴位。

那时，开胸手术耗时长、麻醉药品用量大、副作用大，病人术后康复效果不好。辛育龄的手术水平已冠绝全国，很多同事劝他不要冒险。他却说："如果不能帮助病人，算什么'名医'？"

至善至真，只为所求纯粹。

第一眼见到奄奄一息的白血病患儿马天乐，宁夏吴忠市的退休职工王兰花心碎了。这个自己还过得紧巴巴的妇女见门就进、逢人便说，东奔西跑了1年多，终于筹到13.12万元善款，救活了这个素不相识的孩子。

如今，从只有7个人的"王兰花热心小组"到超9.5万人的志愿者队伍，古稀之年的王兰花领着一群"傻"大妈，走上了"越来越宽广的爱心大道"。

曾在多个非洲国家工作，先后出任中国驻津巴布韦、南非大使……每当有人将刘贵今略显黝黑的肤色与数十年从事对非工作的经历联系起来，这个外交官都会呵呵一乐。

作为首位中国政府非洲事务特别代表兼苏丹达尔富尔问题特别代

表，他在退休后依然多次飞赴一线，开展外交斡旋，把中国人民热爱和平、捍卫和平的理念传得更远。

至臻至美，只为初心所属。

《大雷雨》里的钟表匠，《茶馆》里的秦二爷，《王昭君》里的呼韩邪大单于……被称为中国话剧"活化石"的蓝天野，在学生时代亲历北平的沦陷，毅然以中共地下党人的身份走上了话剧舞台。

年逾九旬，蓝天野依然没有告别戏剧舞台和讲台："不要叫我化石，那就定格了，我还要和党的文艺事业共同成长。"

1965年2月，因一曲《弹起我心爱的土琵琶》红遍全国的青年作曲家吕其明接到一个任务：创作一首歌颂祖国的序曲。

他热血沸腾、夜不能寐，7天就写出一部脍炙人口的佳作《红旗颂》。然而，直到2019年，修改了半个多世纪，他才又一次向党交出心目中的完美版本。

"与时代脉搏共振，被人民所喜爱，这就是我的追求。"吕其明说。

无论时空变迁，一颗心依然滚烫。

一句"共产党人不会离退休"，周永开拎起拐杖一头扎进四川万源花萼山，带领乡亲们植树造林，一干又是15年。

101岁的老红军郭瑞祥离休后生活简朴，为解决老干部和遗属实际生活困难发挥余热……

1935年6月18日，中国共产党早期领导人瞿秋白背手挺胸、面带笑容，高唱着自己翻译的《国际歌》，从容走向刑场。多年后，他的女儿瞿独伊凝望着这张照片，情不自禁地用俄语再次唱起这首歌。

因为父母献身革命，她的幼年颠沛流离。得知父亲牺牲的那一天，她哭晕在异国他乡的学校。

在开国大典上用俄语向全世界播报毛主席的讲话，与爱人共同创建新华社莫斯科分社……此后的人生，她就循着7岁时父母领她走进中共六大会场时的样子，笃定不悔、一往无前。

先烈的求索，后辈的追随，老去的是岁月，不变的是信仰。

李宏塔在安徽省民政厅一干18年。当了厅长，他每天依旧蹬着自行车，穿行在熙来攘往的街巷。

年复一年，李宏塔骑坏了4辆自行车，穿坏了5件雨衣、7双胶鞋。很久以后，沿途的交警、摊贩才知道，这个总是和他们微笑问好的李厅长，祖父竟然是李大钊！

不搞接送、不打招呼，多年来李宏塔始终坚持"一头扎到最基层"。他从百姓家的蒸锅里"闻"出救济米问题，在应急帐篷里感知受灾群众的暑热，在全国两会上为困难群众奔走"发声"，退休后又投身慈善扶危济困……

在热播电视剧《觉醒年代》中，看到祖父李大钊在青年时代下地拉犁、同工人们一起过年时的场景，已经72岁的李宏塔说："我们共产党人就是要和人民在一起。"

（新华社北京2021年6月29日电）

第一篇 "七一勋章"获得者获奖仪式

七一勋章

第一篇
"七一勋章"获得者
获奖仪式

▲ 2021年6月29日，庆祝中国共产党成立100周年"七一勋章"颁授仪式在北京人民大会堂金色大厅隆重举行。这是"七一勋章"获得者集体乘坐礼宾车从住地出发，前往人民大会堂。（新华社记者 李贺 摄）

七一勋章相册

▲ 这是"七一勋章"获得者集体乘坐礼宾车,由国宾护卫队护卫前往人民大会堂。(新华社记者 翟健岚 摄)

"七一勋章"获得者集体乘坐礼宾车,由国宾护卫队护卫前往人民大会堂。(新华社记者 翟健岚 摄)

七一勋章相册

▲ 这是"七一勋章"获得者集体乘坐礼宾车,由国宾护卫队护卫前往人民大会堂。(新华社记者 金良快 摄)

"七一勋章"获得者买买提江·吾买尔（前）、张桂梅（左一）、吴天一（右一）乘坐礼宾车前往人民大会堂。（新华社记者 岳月伟 摄）

七一勋章相册

"七一勋章"获得者集体乘坐礼宾车,由国宾护卫队护卫前往人民大会堂。
(新华社记者 丁海涛 摄)

▲ "七一勋章"获得者张桂梅向青少年致意。
（新华社记者 岳月伟 摄）

七一勋章相册

"七一勋章"获得者抵达人民大会堂。
（新华社记者 岳月伟 摄）

在中国共产党成立100周年"七一勋章"颁授仪式上,张桂梅代表"七一勋章"获得者发言。(新华社记者 姚大伟 摄)

七一勋章相册

▲ 这是2名旗手高擎党旗,1名礼兵手捧"七一勋章",行进到仪式现场。(新华社记者 高洁 摄)

第一篇
"七一勋章"获得者
获奖仪式

◤ 少先队员向勋章获得者献花，敬礼致意。
（新华社记者 高洁 摄）

七一勋章相册

▲ 少先队员向勋章获得者献花,敬礼致意。
(新华社记者 高洁 摄)

第二篇

中共中央关于授予"七一勋章"的决定

七一勋章

中共中央关于授予"七一勋章"的决定

今年是中国共产党成立100周年。100年来，我们党团结带领中国人民进行了艰苦卓绝的斗争，为实现民族独立、人民解放和国家富强、人民幸福接续奋斗，中华民族迎来了从站起来、富起来到强起来的伟大飞跃，创造了中华民族发展史、人类社会进步史上的伟大奇迹。党的十八大以来，以习近平同志为核心的党中央坚持以人民为中心，统筹推进"五位一体"总体布局、协调推进"四个全面"战略布局，脱贫攻坚战取得全面胜利，全面建成小康社会取得伟大历史性成就，开启了全面建设社会主义现代化国家的新征程。

在100年波澜壮阔的历史进程中，一代又一代中国共产党人顽强拼搏、不懈奋斗，涌现了一大批英勇牺牲的革命烈士、一大批矢志进取的英雄人物、一大批忘我奉献的先进模范。为了隆重表彰在中国革命、建设、改革各个历史时期，为党和人民事业一辈子孜孜以求、默默奉献、贡献突出、品德高尚的功勋模范党员，激励全党坚守初心使命、忠诚干净担当，党中央决定，授予马毛姐、王书茂、王占山、王兰花、艾爱国、石光银、吕其明、廷·巴特尔、刘贵今、孙景坤、买买提江·吾买尔、李宏塔、吴天一、辛育龄、张桂梅、陆元九、陈红军、林丹、卓嘎、周永开、柴云振、郭瑞祥、黄大发、黄文秀、黄宝妹、崔道植、蓝天野、魏德友、瞿独伊同志"七一勋章"。

  这次受表彰的"七一勋章"获得者,是我们党各个时期、各条战线党员的杰出代表。他们信念坚定,对党忠诚,矢志不渝为党和人民事业奉献一切;他们践行宗旨,为了人民根本利益和美好生活,呕心沥血,拼搏奋战;他们勤勉务实,不论在什么岗位,都忘我工作、奋发有为,成就非凡功绩;他们不怕牺牲,保持革命者大无畏的战斗精神,危难时刻挺身而出,用生命践行使命,赢得全党全社会广泛赞誉。

  当前,我国正处于实现中华民族伟大复兴的关键时期。党中央号召,全党要以习近平新时代中国特色社会主义思想为指导,以"七一勋章"获得者为榜样,增强"四个意识"、坚定"四个自信"、做到"两个维护",更加紧密地团结在以习近平同志为核心的党中央周围,赓续共产党人的精神血脉,不忘初心、牢记使命,永不懈怠、一往无前,为全面建设社会主义现代化国家、实现第二个百年奋斗目标、实现中华民族伟大复兴的中国梦作出新的更大贡献!

(新华社北京2021年6月29日电)

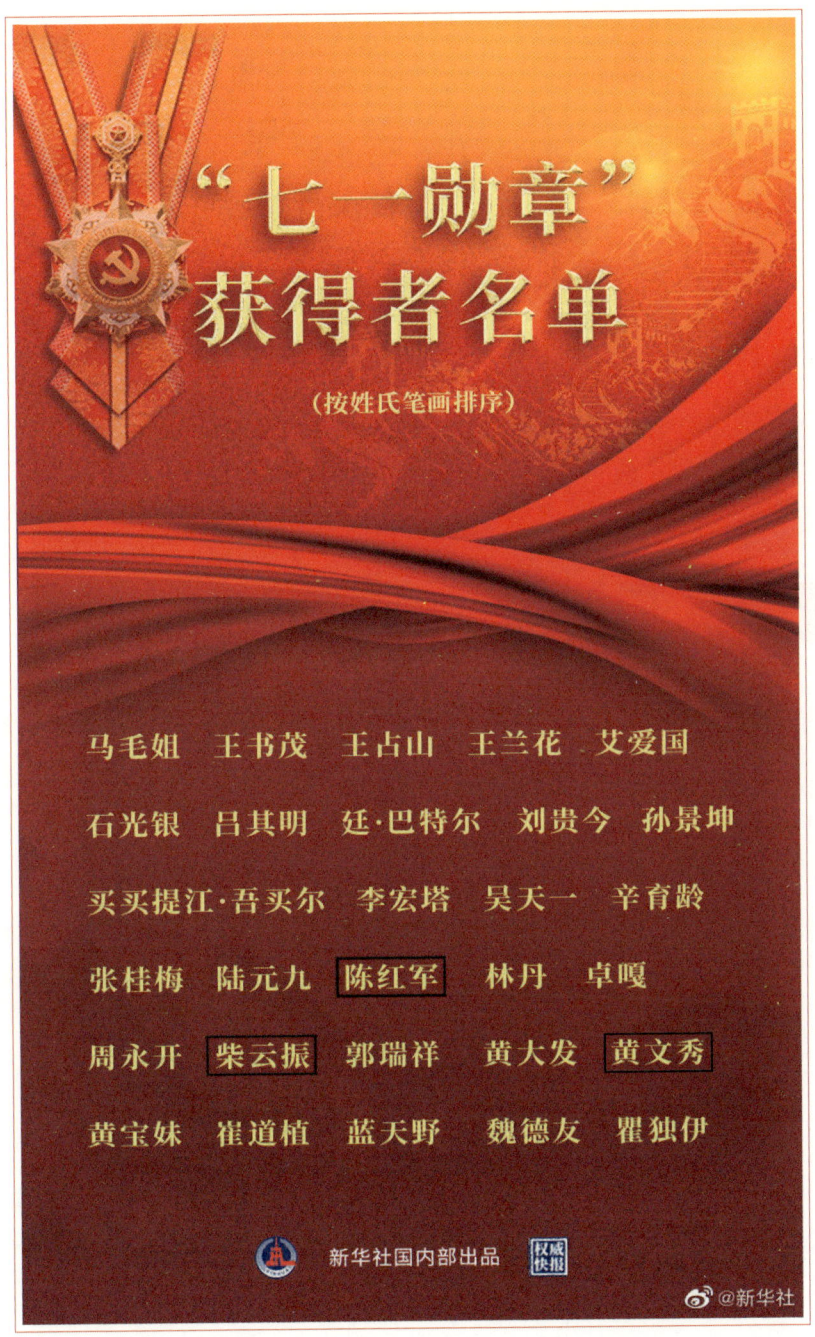

七一勋章

第三篇

获奖者事迹及人生精彩瞬间

七一勋章

马毛姐
闻名全国的"渡江英雄"

马毛姐,女,汉族,1935年9月生,1954年6月入党,安徽无为人,安徽省原合肥市服装鞋帽工业公司副经理。解放战争时期支前英模的杰出代表,闻名全国的"渡江英雄"。渡江战役中,年仅14岁参加"渡江突击队",在手臂中弹的情况下依然咬牙坚持,不畏枪林弹雨6次横渡长江,运送3批解放军成功登岸。毛主席亲切接见她,并题词"毛姐:好好学习、天天向上"。参加工作后从不以功臣自居,在平凡岗位上默默为党工作;离休后义务作革命传统教育报告300多场次。荣获"一等渡江功臣""支前模范"称号。

小女孩勇护"生命之舟"

1949年4月20日夜，百万雄师在千里江线上分三路强渡长江。20时许，渡江战役在中线安庆至芜湖间率先打响。在夜幕掩护下，突击船像离弦之箭，直驶南岸。船过江心，南岸国民党军队的轻重机枪猛射过来。

"照明弹和火光将夜里的长江照得透亮。"当年仅14岁的马毛姐，是年龄最小的船工。她负责掌舵，眼睛不太好的哥哥划桨，从无为县（今无为市）的长江边出发渡江。"不知道害怕，一心想着送解放军过江。"她说。

"当时母亲岁数小，体格瘦弱，又是女孩子，最初解放军不同意她上船。"马毛姐的女儿刘光林说，是妈妈趁人不注意，偷偷上了船，当解放军在船舱里发现她时，船已经驶离了江岸。

第三篇
获奖者事迹及
人生精彩瞬间

▲ 马毛姐回到家乡安徽省无为市刘渡镇马坝村,给家乡的学生们讲述当年的战斗经历。(新华社发,郑远 摄)

七一勋章相册

▼ 这是一张拼版照片，上图为：马毛姐送解放军渡江时所穿的打满补丁的棉袄，现被安徽博物院收藏；下图为：马毛姐讲述渡江战役的经历。（新华社记者 黄博涵 摄）

▲ 几十年来,马毛姐被省内外几十所中小学聘为校外辅导员。她经常利用业余时间来到学校,向他们进行革命传统教育。(新华社记者 于杰 摄)

　　茫茫江面上,机枪子弹拖曳着火光,向渡船迎面打来,炮弹在江面上炸起一个个水柱。与马毛姐同行的四艘船中,有两艘被炮弹炸毁。

　　"敌人在南岸不断地发射照明弹,飞机也来回飞,子弹像雨点一样飞过来,落在船边上……"72年前的情景,马毛姐记忆犹新。

　　敌人的子弹密集袭来,打烂了船帆,有一颗从她右臂穿过。简单包扎、忍着伤痛,马毛姐和哥哥拼尽全力往江对岸划去,整晚横渡长江六趟,把三批解放军送上南岸。

▶ "马毛姐"们用小船划出渡江战役的胜利

　　打过长江去,解放全中国!1949年4月23日,解放军占领南京,宣告国民党反动统治覆灭;6月2日解放崇明岛,渡江战役胜利结束,加速全国解放步伐。

渡江战役的胜利，是靠千千万万个像马毛姐一样的老百姓用小船划出来的。"渡江战役中，每一名解放军战士的身后，至少站着10位支前群众。"安徽省委党史研究院副院长施昌旺说。

渡江战役中，仅安徽无为、宿松、怀宁三地就分别有2000多名船工参战，有的父子、兄弟、兄妹齐上船，运送大军过江。其中仅无为就涌现出一等功臣296人、二等功臣937人。有的支前船工牺牲了，连姓名都没有留下。

2021年6月29日，马毛姐获颁授"七一勋章"。"这个荣誉不仅属于我，更属于渡江战役全体支前船工。相比于荣誉，我为党和国家做的事情太少。"她说。

▲ 在安徽省合肥市蜀山区西园街道，马毛姐（右一）和社区居民交谈。（新华社记者 黄博涵 摄）

王书茂

"为国护海"深刻心中,一颗红心永远向党

王书茂,男,汉族,1956年12月生,1996年6月入党,海南琼海人,海南省琼海市潭门镇潭门村党支部书记、村委会主任,潭门海上民兵连副连长,第十三届全国人大代表。为国护海的模范,先后参加多项国家重大涉海工作,参与南沙岛礁建设,培养南海维权民间力量。在南海维权斗争中冲锋在前,不怕牺牲、寸步不让,坚决捍卫我国领海主权和海洋权益。带领群众造大船、闯深海,发展休闲渔业、建起海洋民宿,实现共同致富。荣获"全国劳动模范""改革先锋"等称号。

▶ 渔民建礁第一人,任务比命重

王书茂是渔民建设南沙岛礁第一人。他不仅自己主动请缨,还带领家人一起开船运送建筑材料,留下了"三代同堂建设南沙"的佳话。多个岛礁都曾留下他挥汗如雨的身影。

参与建礁使命荣光,他每次都豁出命地干。王书茂回忆,最困难的一次是在某个岛礁,风浪大、礁盘小,在别处一趟能转驳一吨水泥的小艇,在此处只能拉一包50公斤的水泥。为加快工期,小艇不停,渔民换班吃饭,持续干了半年。

在他心中,个人安危事小,建设岛礁事大。1998年1月的一天,运送建设岛礁物资的渔船突遇9级狂风,4米高海浪击打

木船。王书茂沉着指挥民兵连在船头抛锚，船头迎着浪头，在海上漂了4天4夜，鬼门关前走了一遭。他说："就是把命丢了，也要把党和国家交给的任务完成好。"

30多年来，王书茂带领民兵连兄弟全身心扑在岛礁建设上，累计出动渔船800多批次，运送各类建材400多万吨，协助完成了多个岛礁的施工任务。

▲ 2018年12月10日，在海南省琼海市潭门镇，王书茂（右二）组织民兵开展训练。（新华社发，宋国强 摄）

▲ 在海南省琼海市潭门镇，潭门海上民兵连副连长王书茂（左二）在组织民兵开展训练任务。（新华社发，宋国强 摄）

七一勋章相册

▶ 保护渔民生命财产安全：多年来救援渔民600多人次

自古行船半条命。每遇渔民遇险，王书茂总是第一个冲出来救人。

1996年冬季的一天，东北季风达七八级，离潭门港20多海里的海域，一艘木船发动机损坏，船上20名渔民有生命危险。他得知后，立即带人顶风出海搜救，搜救一整天，终于救回渔民，拖回渔船。

遇到他国渔民遇险，王书茂同样伸出援手。王振福永远忘不掉2001年那次海上遇险："海上风大雨大，渔船都赶到中业岛附近避风，我们都在甲板上各自的位置坚守，自顾不暇。但看到他国渔船翻沉，很多渔民落水，茂哥带头实施救援，成功救起来十几个人。"

南海风高浪急。多年的行船历程中，王书茂组织渔民抗击台风、开展生产自救120多次，救援渔民600多人次，尽最大努力保护了渔民的生命财产安全。

▲ 在海南省琼海市潭门港的渔船上，王书茂（右二）与渔民交流。
（新华社发，宋国强 摄）

▲ 2021年6月15日，王书茂在自家渔船上眺望。（新华社记者 郭程 摄）

▶ 发展休闲渔业等产业，让村庄、南海越来越美丽

出于海洋生态保护的需要，潭门镇上百艘木制渔船需要转产转业。自2018年起，王书茂积极投入到休闲渔业的政策制定和宣传推广之中。

今年4月，在党员和群众的拥护和支持下，王书茂被推选为新一任潭门村党支部书记。村民们期待他带领全村走得更好、更远。

新的岗位，有新任务。王书茂计划在继续抓好民兵连训练、做好维权任务的同时，抓住乡村振兴的契机，着力改善村容村貌，大力发展休闲渔业，让这座海边渔村更富足、更美丽、更文明。

"只有让南海越来越美丽、乡亲们的日子越过越好，才无愧于'七一勋章'，无愧于共产党员的身份。"王书茂说。

王占山
用一次次优异战绩报党恩

王占山,男,汉族,1929年12月生,1948年8月入党,河北丰南人,河南省安阳军分区原副师职顾问,第四、五届全国人大代表。战功赫赫的百战老兵,先后参加辽沈、平津、衡宝、两广、抗美援朝、中越边境自卫还击作战,出生入死、英勇杀敌,4次受到毛主席亲切接见。在抗美援朝金城战役中,带领战友坚守阵地4天4夜,打退敌人38次进攻,歼敌400余人。离休后,情系国防事业,倾心传播红色革命基因。荣获志愿军"二级战斗英雄"荣誉称号和"全国离退休干部先进个人"等称号,被朝鲜授予"一级国旗勋章"。

▲ 王占山（中）给河南省军区安阳干休所官兵和文职人员讲党课。（新华社发，戴丹华 摄）

▷ 优异战绩报党恩

1946年，17岁的民兵队长王占山与两名战友被国民党的治安军抓获。就在敌人准备砍下他的头颅时，八路军前来救援。趁敌人仓皇应战，双手被反捆的王占山机敏地扎进高粱地里，躲过身后的枪林弹雨，捡回了一条命。

"没有党组织的营救，我早就身首异处了。"自此，"报党恩"的信念牢牢植根于王占山的心间。翌年，他参军入伍。又一年后，作战勇敢的王占山宣誓入党。

"共产党让老百姓当家作主，我要铁心跟着党，用手中的枪解放更多的穷苦人。"从此，革命军人王占山跟随部队一路南征北战，闯辽宁、战天津、进湖南、打广东、平广西，在一次次的炮火

"七一勋章"获得者王占山。（新华社记者 谢环驰 摄）

▲ 王占山（中）给河南省安阳市三官庙小学的少先队员们讲战斗故事。（新华社发，戴丹华 摄）

七一勋章相册

🔺在河南省安阳市拍摄的志愿军老战士王占山。（新华社记者 冯大鹏 摄）

洗礼中，不断升华着"报党恩"的朴素感情。

1949年1月，解放天津的战斗打响后，王占山所在连被一个大型障碍物挡住了冲锋路。敌人依托明暗交叉火力点，对我实施压制。

看着一个个战友倒在了冲锋的路上，时任连队通信员的王占山抱起炸药包，快速跃进、迂回，向障碍物挺进，成功炸掉障碍物，打通了通向胜利的道路。

▼ 中国人民解放军某部战斗英雄、团长王占山同志深入连队，和战士们一起进行军事训练，培养部队勇敢顽强、不怕牺牲的战斗作风。（新华社发）

在河南省安阳市拍摄的志愿军老战士王占山。（新华社记者 冯大鹏 摄）

1953年7月，时任排长的王占山参加了抗美援朝金城反击战。战斗极其惨烈，王占山带领76名战士坚守阵地4天4夜，在以野菜等充饥的艰苦情况下，先后38次打退有飞机支援、有大炮坦克的"联合国军"两个营，歼敌400余人。

那次战斗，浑身是伤的王占山昏迷4天后，才终于闯过了"鬼门关"。

战后，王占山被志愿军总部记一等功，被授予"二级战斗英雄"荣誉称号，荣获朝鲜民主主义人民共和国一级国旗勋章。

"我用一个个优异的战绩，回报党给我的第二次生命。"战功赫赫的百战老兵王占山，先后参加各类重大战役战斗40余次。至今，他的后脑还留有一块弹片。

王兰花

为民服务不退休，满城尽是"兰花"香

王兰花，女，回族，1950年6月生，1995年11月入党，宁夏吴忠人，宁夏回族自治区吴忠市利通区金星镇王兰花热心小组党支部书记、王兰花热心小组慈善协会会长。群众心中的"活雷锋"，把解决社区居民的操心事烦心事揪心事作为毕生事业，十多年如一日坚持志愿服务。带领"王兰花热心小组"先后为居民解决各类困难7000多件，调解各类民事纠纷600多起，开展公益活动7000多场次，推动利通区志愿者从最初7人发展到6.5万余人。荣获"全国三八红旗手标兵""全国民族团结进步模范个人"等称号。

七一勋章相册

▶ "人退休了，但思想不能退休"

王兰花从来闲不下来。

在担任宁夏吴忠市利通区裕西社区居委会主任时，她就是附近有名的"大忙人"，操心着居民的大事小情。2004年退休后，本想着可以好好陪伴家人，但空闲的同时，她却总是感到还有使不完的劲。

信任她的居民也没有忘记她，在遇到下水不通、暖气不热、困难老人需要照顾时，还会习惯性地去社区找她，找不到就给她打电话，甚至找上门去。"我一直琢磨，人退休了，但思想不能退休！共产党员的价值就是在为群众服务中体现出来的。"王兰花说。

▼ 王兰花（右一）与志愿者一起在社区居民家中宣传消防安全知识。（新华社记者 王鹏 摄）

▲ 王兰花（左二）与志愿服务队成员一起讨论裕西社区志愿服务工作安排。（新华社记者 贾浩成 摄）

▶ 王兰花热心小组成立了

2005年，她联系6名离退休干部和爱心人士，成立了吴忠市首个社区志愿者服务小组——王兰花热心小组。没有工作场所，她腾出家中的一间房；自己的手机，成了小组的热线电话。就这样，他们每天奔走在社区各个角落照顾空巢老人、留守儿童，帮助邻里解决琐事、化解纠纷，协助开展文明劝导、治安巡逻……

七一勋章相册

◀ 王兰花（右）在和孤寡老人聊天
（新华社记者 彭昭之 摄）

▶ 王兰花正和几位『王兰花热心小组』的成员在开会布置下一阶段的服务工作。（新华社记者 彭昭之 摄）

第三篇
获奖者事迹及
人生精彩瞬间

◀ 王兰花（中）和"王兰花热心小组"的成员一起制作留言簿，方便居民提意见。（新华社记者 彭昭之 摄）

  2020年，裕西社区进行老旧小区改造，铺管道要整修地面，一位80多岁的老大爷舍不得自己楼前空地里种的几行大葱和白菜，一时激动躺倒在铲土机下阻拦施工。王兰花听闻后赶到现场，柔声劝说，细

▲ 根据王兰花等人的先进事迹创作的话剧《回民干娘》在国家话剧院上演。
（新华社记者 彭昭之 摄）

数改造后的好处，老大爷最终被劝走。

"有群众求助我们，不管是回族还是汉族，我们都尽力去帮助他们。我常说'帮成帮不成是一回事，帮不帮又是另外一回事'，我们愿意为他们跑断腿、磨破嘴。"王兰花说。

艾爱国
做事情要做到极致、做工人要做到最好

艾爱国，男，汉族，1950年3月生，1985年6月入党，湖南攸县人，湖南华菱湘潭钢铁有限公司焊接顾问，湖南省焊接协会监事长，党的十五大代表，第七届全国人大代表。工匠精神的杰出代表，秉持"做事情要做到极致、做工人要做到最好"的信念，在焊工岗位奉献50多年，集丰厚的理论素养和操作技能于一身，多次参与我国重大项目焊接技术攻关，攻克数百个焊接技术难关。作为我国焊接领域"领军人"，倾心传艺，在全国培养焊接技术人才600多名。荣获"全国劳动模范""全国十大杰出工人"等称号。

七一勋章相册

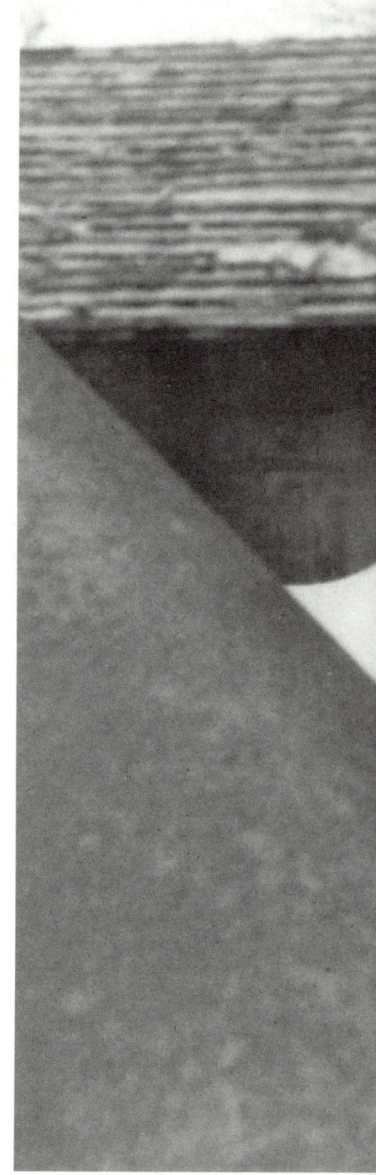

全国十大杰出工人英姿——湖南省湘潭钢铁公司建安公司安装二队焊工艾爱国。（新华社发）

全国十大杰出工人——艾爱国。（新华社发）

▶ 外面鹅毛大雪,他的工作服却拧出了汗水

1969年,19岁的艾爱国扛着行李从湖南的罗霄山脉来到湘江边的湘潭钢铁厂,由知青变为焊工。

1983年,原冶金工业部组织全国多家钢铁企业联合研制新型贯流式高炉风口。如何将风口的锻造紫铜与铸造紫铜牢固地焊接在一起,成为项目的最大难关。还是普通焊工的艾爱国,主动请求一试,他提出采用尚未普及的氩弧焊工艺,当时国内还没有先例。

艾爱国用湿棉被挡住身体,用石棉绳缊包住焊枪,在高于700℃的高温材料旁持续奋战。寒冬腊月,外面鹅毛大雪,而他一身工作服却拧出了汗水。

整整5个月的奋斗后,经X射线检查,他焊的21个风口全部符合国家技术标准。因在这次攻关中表现突出,艾爱国荣获国家科技进步二等奖。

第三篇
获奖者事迹及
人生精彩瞬间

▲ 艾爱国（右一）在湖南华菱湘潭钢铁有限公司实验室和同事探讨焊接技术。（新华社记者 薛宇舸 摄）

◀ 艾爱国（左一）在湖南湘潭湘钢高级技工学校焊接实习基地检查学生的焊接作业。（新华社记者 薛宇舸 摄）

◀ 这是"七一勋章"获得者艾爱国。（新华社记者 谢环驰 摄）

　　艾爱国在技术突破上从不满足。全国职工自学成才奖、中华技能大奖、全国五一劳动奖章……半个多世纪以来，他凭借高超技能为我国冶金、矿山、机械、电力等行业攻克技术难关400多个，获得数不清的奖项。

石光银
我活一天就要栽一天树，治一天沙！

石光银，男，汉族，1952年2月生，1973年7月入党，陕西定边人，陕西省定边县定边街道十里沙村党总支原书记、陕西石光银治沙集团有限公司董事长，党的十八大代表，第十三届全国人大代表。治沙造林事业的模范代表，与荒沙碱滩不屈抗争40多年，在毛乌素沙漠南缘营造一条长百余里的绿色长城，彻底改变"沙进人退"的恶劣环境。将治沙与致富相结合，创造"公司+农户+基地"的新模式，帮助沙区群众脱贫致富。荣获"全国劳动模范""全国治沙英雄"等称号。

◀ 49岁时的石光银（资料照片，新华社记者 陶明 摄）。

▶ 治沙英雄石光银获得『2014感动陕西人物——敬业奉献』荣誉称号。（新华社记者 李一博 摄）

▶ 石光银和他的伙伴在林子里惊讶地发现成片的林子里长出了南方潮湿地区才有的青苔和蘑菇。（新华社记者 陶明 摄）

▶ 石光银在苗圃中移树苗。（新华社发）

▶ 无惧荒沙碱滩，矢志治沙致富

最初，辞去乡农场场长工作、卖掉家里赖以生存的84只羊和一头骡子的石光银，带着6户村民承包了3000亩荒沙地。"东拼西凑才凑够树苗钱，好在天公作美，当年树苗就活了85%。"石光银感到庆幸，虽开局不易，但收获尚好。

但很快,挫折不期而至。1986年,他决定挑战十年九旱、寸草不生的"狼窝沙",未曾想在四、五月份就遭遇了十多次六级以上大风,压倒了90%的树苗。第二年,悲剧重演,存活率仅20%。

月色朦胧,前路无解。不少村民退出,但石光银仍有执念——他找林业技术员请教、到外地学习治沙经验,1988年春天用学来的"障蔽治沙法"固定住流沙,八成树苗得以存活。

成功治理"狼窝沙"为石光银打开了治沙窍门,也让他意识到要讲科学、不能蛮干。他在"狼窝沙"盖起小学,希望孩子不再吃不识字的亏。他说:"下代人应该用高科技造林治沙。"

"今年在两会上除了提改善生态环境方面的建议,我也非常关心乡村振兴。"石光银说,多年前他就想清楚了一个道理——治沙和致富是统一的。

🔺 58岁的石光银。（传真照片，新华社记者 陈钢 摄）

"治沙并不等于单纯植树造林，治沙、治土、治碱都是为了治穷，群众是要算这个账的。"他说，"但如果不治沙，脱贫致富就只是一句话，治沙走在前面，粮食产量才能提高，致富才有希望。"

依托当地林草资源，他主要发展畜牧业，尤其是肉牛业。这些年他办起秀美林场、百头肉牛示范牧场、三千吨安全饲料加工厂、林业技术培训中心……

通过公司+农户+基地，带动当地群众脱贫。

第三篇
获奖者事迹及人生精彩瞬间

▲ 石光银（左）在自己公司下辖的马铃薯良种繁育基地里查看马铃薯苗的栽种情况。（新华社记者 刘潇 摄）

◀ 全国治沙模范、陕西省定边县农民石光银（右）在试验林内与儿子石玉仓观察樟子松的长势。（新华社发，张晨 摄）

▲ 2020年5月30日,石光银在自己治理的林子里捡到一根野鸡翎。
(新华社记者 刘潇 摄)

马铃薯良种繁育基地、松柏园、生态林等的建设使荒沙治理、苗木培育、休闲旅游一体发展,惠及1500多户农户。

这几年,在履职调研中,石光银发现当年栽种的灌木林寿命短、经济价值小、观赏性差,二次沙化可能性很大。他果断开始二次植树造林和低产林改造,并将推广新树种写进建议里。

"以前谁能想到我们这里能长松树啊!"石光银说,"去年我种了7000多亩樟子松,今年打算再种两三千亩。"最开始把流沙治住,粗放型造林,之后再把高标准树种引进来。石光银认为这个过程"顺理成章","要把高科技引进来,把人才引进来"。

吕其明
一生坚持歌颂党、歌颂祖国、歌颂人民

吕其明,男,汉族,1930年5月生,1945年9月入党,安徽无为人,上海电影制片厂艺术委员会原副主任。新中国培养的第一批交响乐作曲家,著名电影音乐作曲家,一生坚持歌颂党、歌颂祖国、歌颂劳动人民。70年来先后为《铁道游击队》《焦裕禄》《雷雨》等200多部(集)影视剧作曲,创作《红旗颂》《使命》等10余部大中型交响乐作品,300多首歌曲,《弹起我心爱的土琵琶》等歌曲广为传唱。荣获"全国离退休干部先进个人"等称号和"中国音乐金钟奖终身成就奖"。

> **35岁首创,54载磨砺**

中国北京,天安门城楼,风展红旗如画。

"《红旗颂》怎么写、写什么,是一个很大的难题,当时我思考了很长时间,要形成一个历史与现实、理智与感情的碰撞,我就想在这个中间找到一个切入点。"吕其明回忆道。

这是1965年"上海之春"音乐会的一篇命题"作文",著名指挥家黄贻钧给35岁的青年作曲才俊吕其明出了这道题,一批老艺术家也

上海青年作曲家肖珩、吕其明的第一部交响乐《郑成功》,在第四届"上海之春"音乐会中首次演出,受到热烈的欢迎。图为肖珩(右)和吕其明在研究他们的作品。(新华社记者 王子瑾 摄)

▲ 20世纪40年代吕其明在华东军区文工团时的留影。（资料照片，新华社发）

▲ 1982年，吕其明凭电影《城南旧事》配乐获得中国电影金鸡奖。（资料照片，新华社发）

支持帮助他。"当时，我作为后辈是很惶恐的。怎么办，首先就是去一线体验生活。"吕其明说。

《红旗颂》的诞生不是偶然。吕其明把自己的身心都融入这面"红旗"中。他10岁随父参加新四军，15岁加入中国共产党，19岁背着心爱的小提琴随大部队进驻上海，从此落地生根，全身心投入新中国的音乐事业。

"我脑海里，最终将'红旗'锁定在了新中国成立时天安门广场上升起的那面历史性的五星红旗。选取了《义勇军进行曲》起头的旋律，紧扣《红旗颂》的主题。"他说。

▲ 吕其明上海的家中摆放着他珍视的荣誉奖杯，墙上悬挂着的是著名指挥家祖宾·梅塔赠予他的指挥棒。（新华社记者 任珑 摄）

◀ 作曲家吕其明（右）和导演贾樟柯领受捐赠荣誉证书。他们分别向上海电影博物馆捐赠电影音乐手稿和戛纳电影节最佳剧本奖的获奖证书。（新华社记者 任珑摄）

▶ 吕其明在上海的家中向记者讲述他创作《红旗颂》的过程。（新华社记者 任珑 摄）

▶ 吕其明（左二）在上海爱乐乐团录制管乐版《红旗颂》的现场，与指挥林友声讨论乐谱。（新华社记者 刘颖 摄）

▲ 吕其明在上海的家中接受采访时哼唱《新四军军歌》。
（新华社记者 任珑 摄）

为了创作，他到造船厂生产一线体验生活，看到新中国建设一派热火朝天的景象，他豪情万丈，为《红旗颂》又增添了奋发有力的进行曲节奏。

多年来，他还一直觉得1965年首创首演的《红旗颂》"功力尚浅"，没有达到"一锤定音"的级别。他仍反复推敲、修订，这部作品他足足改了半个多世纪。

2019年，新中国成立70周年，也是《红旗颂》首演54年后，最终宣布定稿。

廷·巴特尔
要做一个好牧民，永远信党爱党在党

廷·巴特尔，男，蒙古族，1955年6月生，1976年11月入党，内蒙古呼和浩特人，内蒙古自治区阿巴嘎旗洪格尔高勒镇萨如拉图雅嘎查党支部原书记，党的十七大、十八大代表，第十届全国人大代表，第十三届全国政协委员。扎根牧区、苦干实干的楷模，凭着"让牧民过上好日子"的信念，扎根牧区近50年，探索出保护生态、发展经济、促进增收新路子，使当地牧民生产生活发生翻天覆地的变化。荣获"全国优秀共产党员""全国劳动模范""全国民族团结进步模范个人""改革先锋"等称号。

◀ 廷·巴特尔购置了适合牧区生产使用的四轮拖拉机和全套修理工具,为牧民群众服务。(数码传真照片,新华社记者 张领 摄)

▶ 廷·巴特尔在自家的草场上饮牛。(新华社记者 任军川 摄)

▲廷·巴特尔（右）与搞旅游的牧民特希格交谈。
（新华社记者 贾立君 摄）

▶ 恢复草原生态，提出并践行"蹄腿理论"

45年前，19岁的廷·巴特尔来到锡林郭勒草原插队。这位勤快的城市青年很快学会了打草、放羊、剪羊毛，变成了地地道道的牧民，也把根扎在了大草原。

20世纪80年代，内蒙古牧区实行草场承包责任制后，萨如拉图雅嘎查的牧民大量增加牲畜头数，超过了草场承载能力，草原开始退化，风沙侵蚀着牧民的草场。

▼ 廷·巴特尔在自己试验成功的生态鱼塘边投草喂鱼。（新华社记者 贾立君 摄）

▼ 廷·巴特尔在自己的草场里。
（新华社记者 虞东升 摄）

　　"不能再无节制地放牧了，必须让草原休息休息。"廷·巴特尔号召牧民围封退化草原、禁牧沙化草原，但接受者寥寥，"草原不放牧，让牧民咋活？"

　　廷·巴特尔决定"自己先做出个样子，给大家看看"。

　　1986年，他卖掉自家60只羊，圈起300多亩草场进行封育。第二年打下了9马车草，相当于其他牧民1000亩草场的打草量。牧民们看到了围封轮牧的好处，纷纷向他学习。

　　为了进一步恢复草原生态，廷·巴特尔还琢磨着改变牧民的养殖结构，又提出并践行"蹄腿理论"——1998年，他把自家200多只羊全

第三篇
获奖者事迹及
人生精彩瞬间

◀ 廷·巴特尔在自家的草场上饮牛。
（新华社记者 任军川 摄）

▲ 廷·巴特尔在草场上介绍他的"草畜平衡"科学养殖理念。（新华社记者 贾立君 摄）

部卖掉，改养肉牛。

"一头牛的收入顶不顶5只羊？""养一头牛省事还是养5只羊省事？""一头牛4条腿，5只羊20只蹄子，哪个对草场破坏大？"……廷·巴特尔不厌其烦地向牧民做工作，大家了解到"减羊增牛"的好处，减少羊的数量，改养肉牛，牧业生产对草原的压力逐渐减小。

如今，廷·巴特尔将自家5626亩草场划分为4大4小共8块，大一点的草场根据植被情况进行轮牧，小草场供给怀孕的母牛和刚出生的小牛犊，还有给野生动物留出来的草场。草场生态得到了很好的恢复，牧草长得有成年人小腿那么高，一年四季都有野生动物出没。"这几

▲ 2002年6月27日，中共中央宣传部、内蒙古自治区党委在北京人民大会堂举行廷·巴特尔先进事迹报告会，宣传典型事迹，弘扬崇高精神。图为廷·巴特尔在作报告。（新华社记者 马占成 摄）

年在草场上见过的野生动物有好几十种，有本地的鹿、狍子，有迁徙途中歇脚的天鹅、大雁，还有很罕见的金雕。"廷·巴特尔说。

廷·巴特尔坚持将"牛"文章做到底。他引进肉乳兼用牛和本地牛杂交，利用杂交优势发展育肥牛。草原蚊虫多，啃噬草场又影响牛的健康，他推广生态养鱼，用灯光把蚊虫吸引到鱼塘；还鼓励牧民发展奶食品加工和生态旅游业。

如今，萨如拉图雅嘎查成了远近闻名的生态村、富裕村，牧民年人均纯收入大大增加。牧区修了路、通了水电，家家住上砖瓦房，开上了小汽车，实现了生态保护与牧民增收双赢。

刘贵今

在传承中非友谊、深化中非合作中
担当作为、倾情奉献

刘贵今，男，汉族，1945年8月生，1971年8月入党，山东郓城人，外交部原正司级大使。矢志奉献对非外交工作，在对非外交岗位坚守、耕耘近40年，长期在非洲国家常驻，年逾七旬仍为深化中非合作发挥余热，是首位中国政府非洲事务特别代表。积极推动建立中非合作论坛机制，在传承中非友谊、深化中非合作中担当作为、倾情奉献，坚定捍卫我在非洲利益和国际形象，为促进中非关系发展作出突出贡献。

2007年6月21日，中国达尔富尔问题特别代表刘贵今（左）在埃及首都开罗会见埃及外长盖特。（新华社记者 葡以光 摄）

临危受命 重返非洲

2007年4月，刘贵今卸任中国驻南非大使的职务，立即又被任命为中国第一任非洲事务特别代表，主要工作是斡旋苏丹达尔富尔问题。此时的刘贵今已经62岁，步入花甲之年。但是为了回击国际社会对中国在达尔富尔问题上的抹黑，为了以正视听、为了维护中国在非洲的形象和利益，他临危受命，再次出使非洲。刘贵今说："当时环境下，我有两个重要使命：第一，通过各种方式，让外界了解中国在苏丹达尔富尔问题上的原则立场；第二，积极进入热点地区，为达尔富尔问题的和平解决进行调解，作出中国的贡献。"

中国政府非洲问题特使刘贵今在南非开普敦第21届世界经济论坛非洲会议上发言。（新华社记者 李启华 摄）

▲2004年9月18日，在南非最大城市约翰内斯堡，中国驻南非大使刘贵今（中）为百家世贸广场开业剪彩。（新华社记者 袁晔 摄）

七一勋章相册

接到任命后两周,刘贵今便到苏丹访问。苏丹外长主动促成刘贵今与刚刚回国的苏丹总统会面,苏丹总统还安排他的专机把刘贵今送到达尔富尔地区。

达尔富尔阳光毒辣、风沙肆虐、气候恶劣。刘贵今参观难民营后,还出席了当地上千人参加的群众集会。他在集会上表明了中国的立场:"中国政府的原则立场是希望达尔富尔问题和平解决,政府和叛军进行广泛的对话,我们对达尔富尔人民遭受的人道主义灾难深表同情和关切。中国为达尔富尔提供了大量的援助,包括医疗救护车、农具工具和用于恢复生产的发电机等。"

▲ 在南苏丹首都朱巴,中国政府非洲事务特别代表刘贵今会见南苏丹总统基尔。(新华社发)

▶ 2008年2月24日，正在苏丹访问的中国政府达尔富尔问题特别代表刘贵今大使（左）与苏丹外长阿卢尔在会谈后出席联合记者招待会。（新华社记者邵杰摄）

▶ 在埃及首都开罗，中国政府达尔富尔问题特别代表刘贵今出席苏丹达尔富尔重建与发展大会。（新华社记者张宁摄）

七一勋章相册

🔺 中国政府达尔富尔问题特别代表刘贵今在苏丹首都喀土穆与苏丹总统巴希尔会谈后举行记者招待会，阐述中国在达尔富尔问题上的立场。（新华社发，穆罕默德·巴比克尔 摄）

　　为调解达尔富尔问题，刘贵今走访苏丹邻国埃塞俄比亚、肯尼亚、乌干达、埃及等国，深入了解地缘关系，访问塞内加尔、尼日利亚等区域大国，同时还与俄罗斯、英国、美国等国的代表建立了良好的沟通机制。中国政府的声音和援助得到了苏丹方面的热烈欢迎。

　　在中国和世界其他国家以及国际组织的斡旋下。2011年2月7日，苏丹总统巴希尔正式宣布，承认南苏丹独立公投的结果，南苏丹正式从苏丹独立出去。达尔富尔问题虽然没有彻底解决，但相较于当初，已经有了很大的缓解。

孙景坤

英雄解甲归田，烂泥潭变成米粮川

孙景坤，男，汉族，1924年10月生，1949年1月入党，辽宁庄河人，辽宁省丹东市元宝区金山镇山城村原第一生产队队长。永葆革命本色的战斗功臣，先后参加四平、辽沈、平津、解放长沙、解放海南岛、抗美援朝等战役战争，荣立一等功一次、二等功多次。作为英雄报告团成员，受到毛主席等党和国家领导人亲切接见。退役后毅然回乡带领群众改变家乡面貌，是共产党员吃苦在前、公而忘私崇高品质的典范。荣获"时代楷模""抗美援朝一级战士荣誉勋章"。

▲ 83岁的孙德礼和88岁的孙景坤（右四）在中朝友谊桥上为边防官兵和小学生讲述自己当年奔赴朝鲜战场的经历。（新华社记者 刘宇 摄）

▶ 解甲归田，他默默拿起锄头

秋意渐浓，群山环抱的山城村，山头层林尽染，田间金黄一片。

"山城一队北部湾，当年就是烂泥滩。一遇水涝就不收，如今变成米粮川。"山城村党支部书记、村委会主任邱大鹏感慨地说，这首流传下来的顺口溜，是乡亲们对孙景坤带领大伙改天换地最好的感念。

1955年，复员的孙景坤放弃到城里工作的机会，选择回乡务农。"咱没多少文化，还是回家本本分分做个农民。"孙景坤回忆。

回乡后，孙景坤把各种奖章奖状精心包好放到箱底，扛起锄头下地种田。很快，正直能干的他被选为生产一队队长，带领村民们向着贫困这个"敌人"发起新的冲锋。

村里有条河，经常泛滥引发水灾。孙景坤的倔劲上来了："还能让条小河欺负了？"他带领村民开山碎石、肩扛手提，筑起一座堤坝，自此河水安澜。

▼ 留守儿童和边防官兵听孙景坤老英雄讲述军功章背后的故事。（新华社发，李玮 摄）

"他是军人出身,身上有一股威严劲儿,从不强迫乡亲们干这干那。"86岁的村民刘振山回忆,"他在前边干,我们在后边学,大家心服口服。"

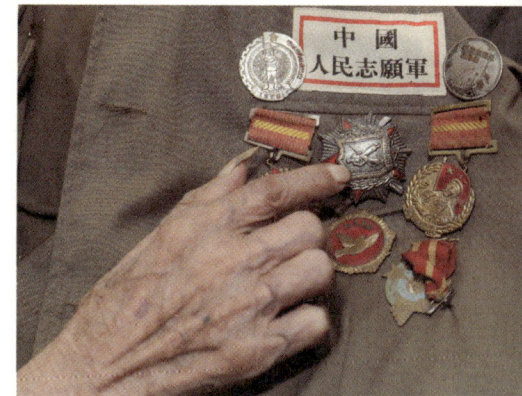

▲在辽宁省丹东市,志愿军老战士孙景坤展示勋章。(新华社记者 杨青 摄)

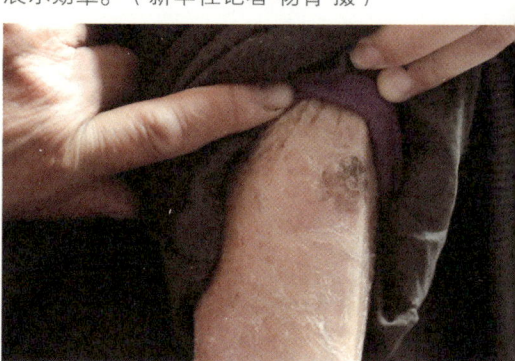

▲志愿军老战士孙景坤展示腿上的伤疤,他身上共有20多处伤疤。(新华社记者 杨青 摄)

▲在辽宁省丹东市拍摄的志愿军老战士孙景坤。(新华社记者 杨青 摄)

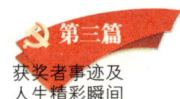

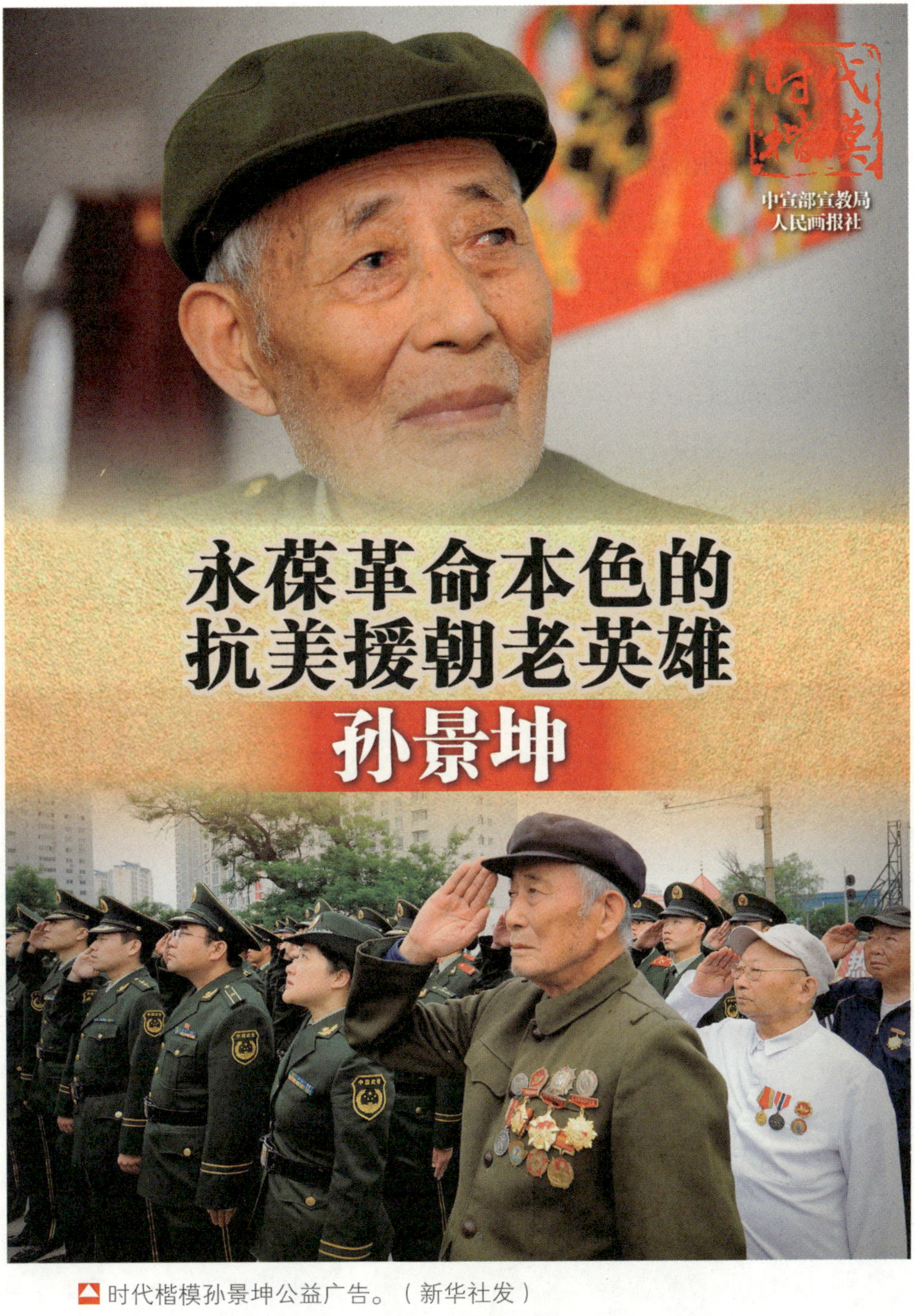
时代楷模
中宣部宣教局
人民画报社
永葆革命本色的
抗美援朝老英雄
孙景坤

时代楷模孙景坤公益广告。（新华社发）

七一勋章相册

山城村是有名的蔬菜村，市里曾划分一片公厕供村里挑粪施肥用，村民都不愿意去挑粪。正犯胃病的孙景坤第一个站出来："没有好的肥，菜怎么能长好，我来挑。"挑着100多斤粪，走七八里的山路，他硬是挑了回来。看他忍着胃痛满头大汗颤巍巍的样子，村民们纷纷挑起了粪桶。

靠着孙景坤的带动引领，山城村把上百亩烂泥滩改造成良田，在数百亩荒山上种植板栗、落叶松等经济林，一跃成为十里八乡有名的富裕村。

村民刘玉慧说："我们现在过上好日子，都得感谢这个老爷子。"

▼在辽宁省丹东市拍摄的志愿军老战士孙景坤。（新华社记者 杨青 摄）

买买提江·吾买尔
敢管会管的好支书，退休不退岗
终生奉献民族团结进步

买买提江·吾买尔，男，维吾尔族，1952年12月生，1973年7月入党，新疆伊宁人，新疆维吾尔自治区伊宁县温亚尔乡布力开村党支部原书记、村委会原主任，党的十八大代表。旗帜鲜明同"三股势力"作坚决斗争的先进模范，面对宗教极端势力的死亡威胁，毫不畏惧，挺身而出。坚持强基固本，大抓支部建设和党员队伍建设，任村支书30多年，村里未发生一起暴恐事件。深入开展"民族团结一家亲"和民族团结联谊活动，开办国语幼儿园推广国家通用语言文字，为推动民族团结进步作出突出贡献。荣获"全国优秀共产党员""全国劳动模范"等称号。

七一勋章相册

▶ 敢管会管，群众就会拥护

在村民们眼里，买买提江·吾买尔是一个敢管、会管的村干部，工作方式不粗暴，群众容易接受，而且总是从群众的角度考虑问题。时间久了，大家对他也就越来越尊敬，越来越信任。

布里开村曾是个穷村，村民们说，当时穷得很多小伙子都娶不上媳妇，姑娘们都嫁到邻村去了。这件事对买买提江·吾买尔触动很大。在他看来，村党支部只有威信还

◀ 新疆伊宁县温亚尔乡布力开村老支书买买提江·吾买尔（右二）查看村里四老人员生活补贴发放情况。（新华社发，徐超 摄）

▲ 十八大代表买买提江·吾买尔在北京首都国际机场接受记者采访。
（新华社记者 王晔 摄）

不够，集体还要有实力，这样才有能力办群众的事。他和班子成员一起想法子、找项目、跑资金。这几年，除了土地和果园承包集体年收入100多万元，村里还投资40余万元在村中心建了面房，建了一个年产2000万块砖的砖厂……

有了集体经济收入，买买提江·吾买尔又带领大家实施民生工程，短短几年间已累计投入数百万元用于基础设施建设：修建篮球场、老年活动室和学前"双语"幼儿园；铺路、修桥、建防洪堤、防渗渠、改造低产田……记者在村里看到，一条主干道上还修建了路灯，这在新疆的农村中并不多见。

买买提江·吾买尔参加全国表彰会归来。（新华社发，李志刚 摄）

第三篇
获奖者事迹及
人生精彩瞬间

▲ 买买提江·吾买尔（中）参加十八大新疆维吾尔自治区代表团分组讨论。（新华社记者 陈建力 摄）

▲ 新疆伊宁县温亚尔乡布力开村老支书买买提江·吾买尔（中）和村干部、村民们一同商量村里的事。（新华社发，芦静 摄）

同时，买买提江·吾买尔还鼓励大家发展畜牧业和养殖业，带领大家养奶牛致富。2011年，全村人均收入达到了9341元，成为远近闻名的富裕村。

在买买提江·吾买尔的带领下，布里开村原本村干部"不敢管、不爱管、也不想管"的状况改变了，"集中整治重点村"的帽子也摘掉了。

布里开村村民牙生江·阿西木高兴地说："布里开村一天一个样！现在，邻村的姑娘都喜欢嫁给我们村小伙子呢！"

李宏塔
出生"名门"的清官 时刻活在老百姓中间

李宏塔，男，汉族，1949年5月生，1978年4月入党，河北乐亭人，安徽省政协原党组成员、副主席，第十一、十二届全国政协委员。党员领导干部忠诚干净担当的典范。在民政系统工作18年，视孤寡老人为父母、视孤残儿童为子女、视民政对象为亲人，每年至少一半时间在基层度过。共产党人革命传统、优良家风的传承人，始终艰苦朴素、清正廉洁、以严治家，秉持了"革命传统代代传，坚持宗旨为人民"的不变信念。

▶ 严于律己治家的"清官"

问起对李宏塔的印象,有人笑李宏塔是个没"爱好"的人,不抽烟不喝酒,也不进歌厅舞厅。还有人向记者透露,说李宏塔有时让人"难堪"。

一年春节,这位同志和爱人从老家回来,给李宏塔捎去几样小吃,李宏塔却回赠价值数倍的物品让他带回家。这正与父亲李葆华当年所为一模一样:那时家中收到几包葡萄干,父亲让家人把葡萄干退回,还把少年李宏塔吃掉的那一包折价一同退款。

2008年,李宏塔的儿子李柔刚结婚,婚礼布置简单,单位同事们前来祝贺并包了红包。为了不破坏婚礼的气氛,李宏塔照单全收,但第二天便将所有的礼钱如数奉还。

记者还了解到,李宏塔在民政厅一干18年,期间有许多人为他得不到升迁而"打抱不平",可他自己对此却泰然处之,从未向领导提出过要求。这也与父亲李葆华有关。他从不为子女的升迁打招呼,每当子女所在省里的领导前来看望他时,还要嘱咐对方务必严格要求。

对提拔"冷",却对百姓热。民政部门多名老同志告诉记者,李宏塔把群众处成了亲戚:低保户过年的饺子皮没着落、前来求助的下岗工人没带伞……他都会自掏腰包帮上一把。

这是李宏塔肖像。(新华社记者 李贺 摄)

变岗不变本色的老党员

在民政系统工作期间,李宏塔每年至少有一半时间在基层度过。当地很多同志都知道他的"反方向工作法":下乡时不向有关市、县打招呼,经常让司机"把车子开到进不去的地方",然后步行进村入户检查工作。从百姓家里出来,他再到乡镇、县市座谈。"必须离开公路,直接去问老百姓。沿着公路转、隔着玻璃看是了解不到真实情况的。"李宏塔说。

2003年夏天,淮河、滁河流域发生水灾,为了摸清具体灾情,他连续20多天奔走在灾区,是"反向工作法"起了关键作用:他从受灾群众蒸着救济米的锅中"闻"出了问题,查清了责任;他走进受灾群众的帐篷"量"出了其中暑热与机关办公室之间的温差,让机关为3万多受灾群众腾出温度适宜的办公室做住处。

2008年,李宏塔当选安徽省政协副主席。历年全国"两会"上常能听到他为困难群众的"发声"。退休后,李宏塔选择加入中华慈善总会,依旧为改善困难群众生活四处奔走,他说:"慈善能直接为最困难的群众服务,这是我晚年的一件幸事。"

出身"名门"的"普通人"

李宏塔的家世说"显赫"不为过,祖父是李大钊,父亲李葆华曾任安徽省委第一书记、中国人民银行行长。然而李宏塔的成长却与普通青年无异:父母工作忙,出生19天就被送往托儿所照顾,直到6岁才被接回家;16岁当兵入伍,做过化工厂工人,后来考上大学;1978年

▲ 时任安徽省政协副主席的李宏塔（前右）在安徽阜阳市颍东区插花镇慰问困难群众。（新华社发）

起，先后在共青团合肥市委、共青团安徽省委、安徽省民政厅等部门工作。

"不能吃苦，就不能成人，"李葆华曾经这样教育李宏塔。一个习惯伴随李宏塔一生：除了极少数重要公务赶时间，李宏塔从不坐专车，天天骑自行车上下班。随着年龄增大，2003年他将自行车换成了电动车，还笑称这是"与时俱进"。

李家三代，家风如一。"黄卷青灯，茹苦食淡，冬一絮衣，夏一布衫"，是祖父李大钊清贫一生的真实写照。父亲李葆华承风父辈，十分简朴：家中老旧的三合板家具、沙发坐下就是一个坑。这样的家风传承，让李宏塔面对简朴生活时乐在其中。

▼ 李宏塔在家中书房读书，墙上挂着祖父李大钊和祖母赵纫兰的相片。（新华社记者 周牧 摄）

吴天一
一生只做一件事，高原生命守护神

吴天一，男，塔吉克族，1934年11月生，1982年5月入党，新疆伊犁人，青海省心脑血管病专科医院原研究员，中国工程院院士。高原医学事业的开拓者，投身高原医学研究50余年，提出高原病防治救治国际标准，开创"藏族适应生理学"研究，诊疗救治藏族群众上万名。青藏铁路建设期间，主持制定一系列高原病防治措施和急救方案，创造了铁路建设工人无一例因高原病致死的奇迹，被称为"生命的保护神"。80多岁高龄仍带着心脏起搏器在海拔4500米以上的高原开展科研工作。荣获"国家科技进步奖特等奖"。

七一勋章相册

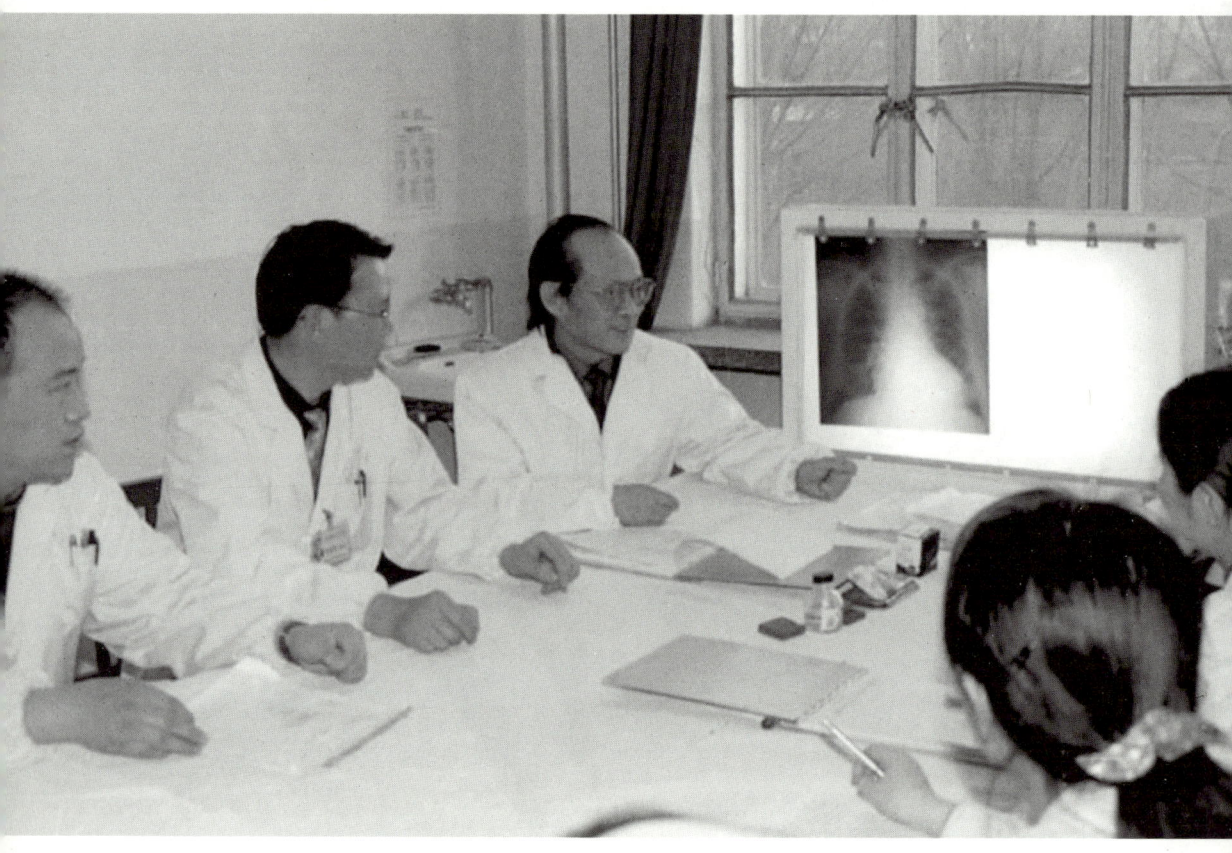

图为吴天一院士（左三）与同事研究病历（传真照片）。
（新华社记者 韩瑜庆 摄）

▶ 青藏铁路，14万建设大军的"保护神"

2001年，青藏铁路破土动工，全长1956公里的青藏铁路，是世界上海拔最高、线路最长、施工条件最艰巨的铁路项目。数万建设大军将奋战在高海拔地区。也在同年，吴天一当选为中国工程院院士，他是从青海本土走出来的第一位院士。

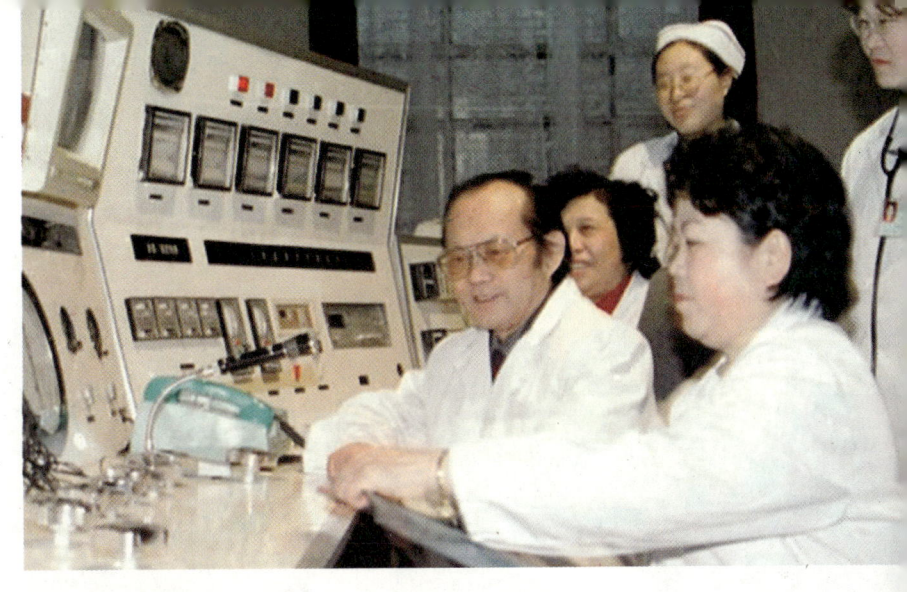

▶ 吴天一院士（左一）与同事在高低压氧舱控制台前操作（传真照片）。（新华社记者 韩瑜庆 摄）

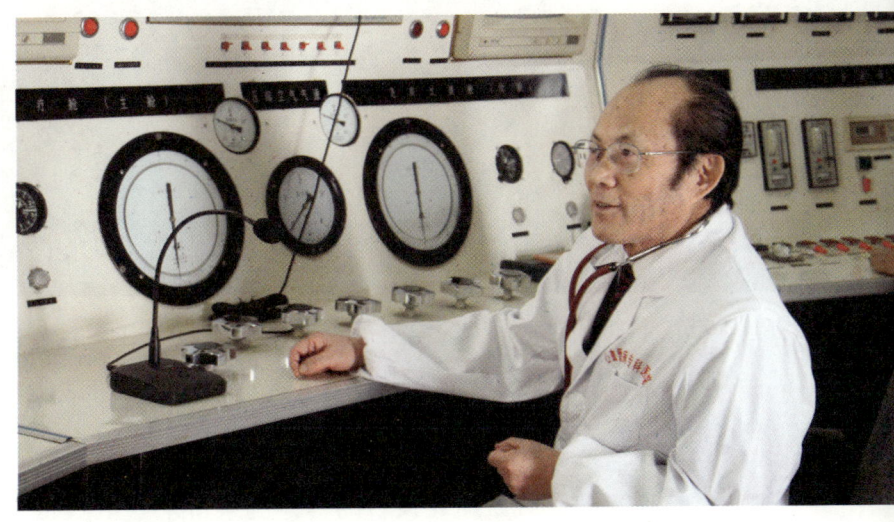

▶ 吴天一院士在青海省高原医学研究所高低压实验氧舱观测运行情况（资料照片）。（新华社发，温家林 摄）

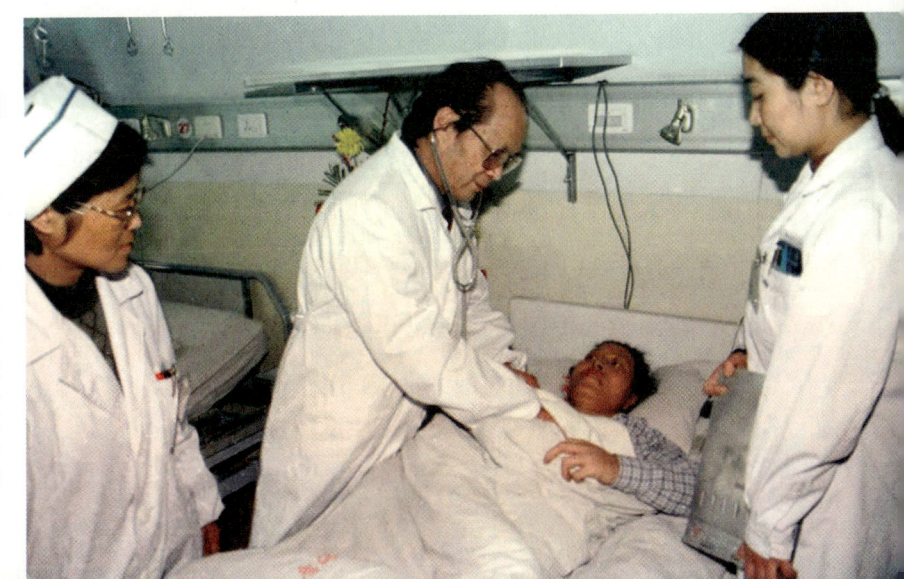

▶ 这是吴天一院士（左二）在查看病房，询问患者病情（传真照片）。（新华社记者 韩瑜庆 摄）

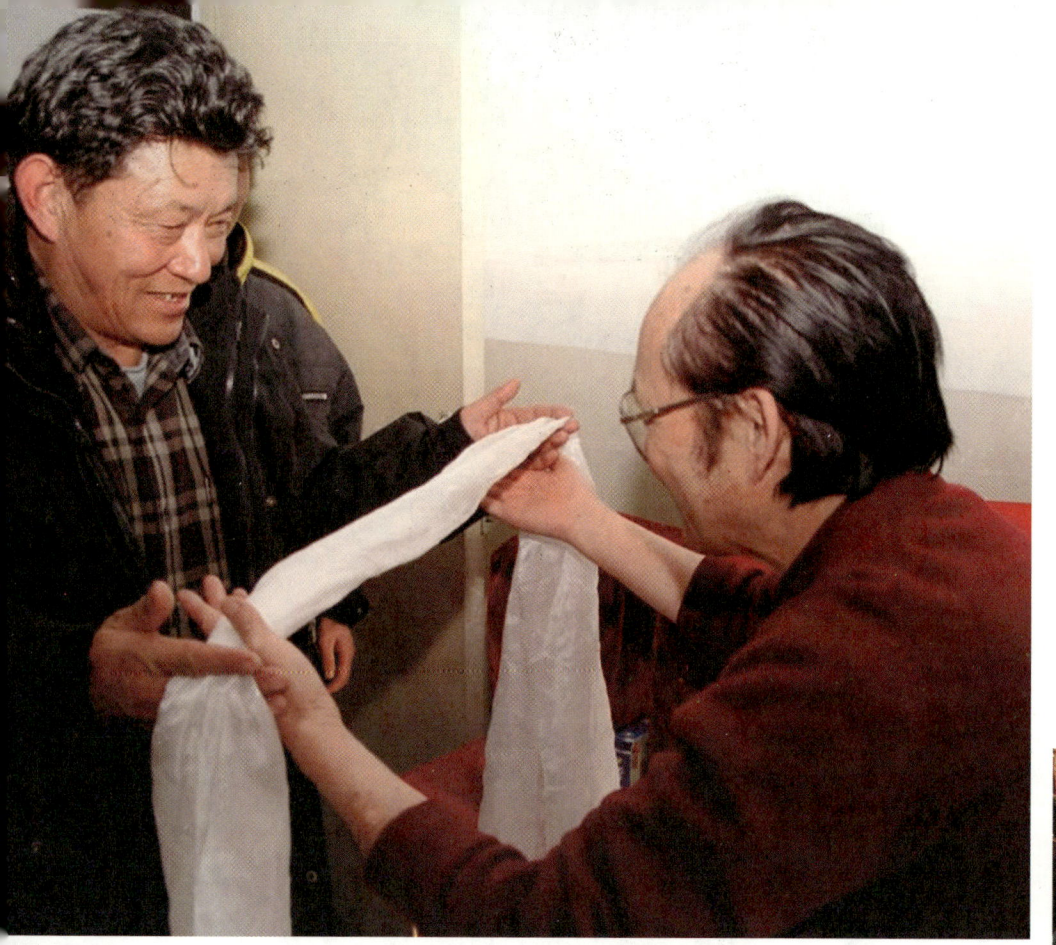

▲ 听说当年被称作"怪人"（当地藏族同胞称吴院士是会说藏话、会骑马、会吃糌粑、会看病的怪人）吴天一当选为院士，阿尼玛卿山脚下雪山乡的藏族老朋友贡拉带着儿子特意从千里外赶来祝贺，并献上洁白的哈达（传真照片）。（新华社记者 韩瑜庆 摄）

"高寒缺氧对铁路建设者的身体健康带来严重威胁。我知道自己的研究又有了用武之地。"吴天一说。

随后，原铁道部聘任吴天一为青藏铁路一期建设的高原医学顾问和二期建设的高原生理研究组组长。

在吴天一和他的团队指导下，青藏铁路沿线建起25个供氧站、18个高压舱站。创造性地提出"高压舱、高压袋、高流量吸氧，高流量不是平原上的4升~5升/分吸氧，而是高流量6升~8升/分吸氧"及"低转、低转、再低转，迅速向低海拔转移"的三高三低急救措施，建立起了一系列卫生保障措施和急救方案。为了做好群防群

治，他在铁路沿线作高原病防治知识的系列科普报告，撰写《高原保健手册》和《高原疾病预防常识》，送到每一位一线施工者手中。

大到氧舱建设，小到员工起夜，吴天一事无巨细都关心着。"别小看晚上起夜，很多人就倒在这'一泡尿'上。一旦感冒引发高原肺水肿就严重了。在我的建议下，带暖气的卫生车晚上与住宿室对接，供建设者上厕所，也防止环境污染。"吴天一说。

吴天一先后十几次到格尔木、唐古拉、可可西里、风火山、当雄等青藏铁路建设关键点现场指导高原病防治。由于不可能天天在山

▲ 吴天一院士在青海省玛多县为当地藏族群众义诊。（新华社发，温家林 摄）

上，吴天一告诉他们任何时候遇到问题都可以打电话，他的座机永远都是开通的。"很多时候都是深更半夜打来电话，说出现了什么样的病情，该怎么办。我依照病情，提出紧急治疗的具体方案和措施。"吴天一说，5年中仅电话处理的病例就有几百次。

亲临工地指导，他的高原医学知识起到了健康保障作用。原青藏铁路中铁二十局工地医院院长丁守全说，风火山隧道海拔4905米，没有吴天一，我们就不可能创造性地采取科学举措，解决施工人员缺氧难题，打通这一世界第一高隧就不可能如此顺利。

在吴天一的指导下，青藏铁路五年建设期间14万员工无一例因急性高山病死亡。在海拔4500米以上大群体强作业的这一"零死亡"，被国际高原医学权威威斯特教授誉为"高原医学史上的奇迹"。人们称赞吴天一是14万"天路大军"的"生命保护神"。

▼ 吴天一是《国际高山医学通报》唯一的中国顾问、美国《高原医学与生物学》杂志编委。他在国际权威性学术刊物和我国国家级专业期刊上发表的重要学术论文和著作多达250余篇。（新华社记者 韩瑜庆 摄）

辛育龄
"白求恩式的医生",无影灯下的"不老松"

辛育龄,男,汉族,1921年2月生,1939年7月入党,河北高阳人,中日友好医院原院长、胸外科主任,第五届全国人大代表。新中国胸外科事业的开拓者和奠基人。战争时期,曾与白求恩并肩战斗,多次冲上前线救治伤员。和平年代,长期致力于我国胸外科创建和发展,是中国人体肺移植手术第一人,在胸外科领域多个方面取得"从0到1"的突破,为我国卫生健康事业创新发展作出卓越贡献。荣获"全国劳动模范""全国先进工作者"等称号。

"如果你解决不了难题,算什么'名医'?"

1956年,辛育龄从苏联获得医学副博士学位回国后,有关方面征求他的意见:你是留在部队呢,还是到地方?出国前辛育龄就已享受师级待遇。但他毅然选择了地方,因为那儿可以做手术。

在北京结核病研究所工作的26年中,辛育龄很少回家。每天上午做手术,下午做动物实验,晚上看书、翻阅资料……他没有一刻空闲,仿佛永不知疲倦。

上世纪50年代初结核病流行,但彼时应用肺切除手术治疗还有很大阻力,不少重症肺结核病人因咳血窒息而死亡。

▼ 1980年1月16日,辛育龄(中)在内蒙古结核病院与胸外科医师讨论病例(翻拍照片)。(新华社记者 张玉薇 摄)

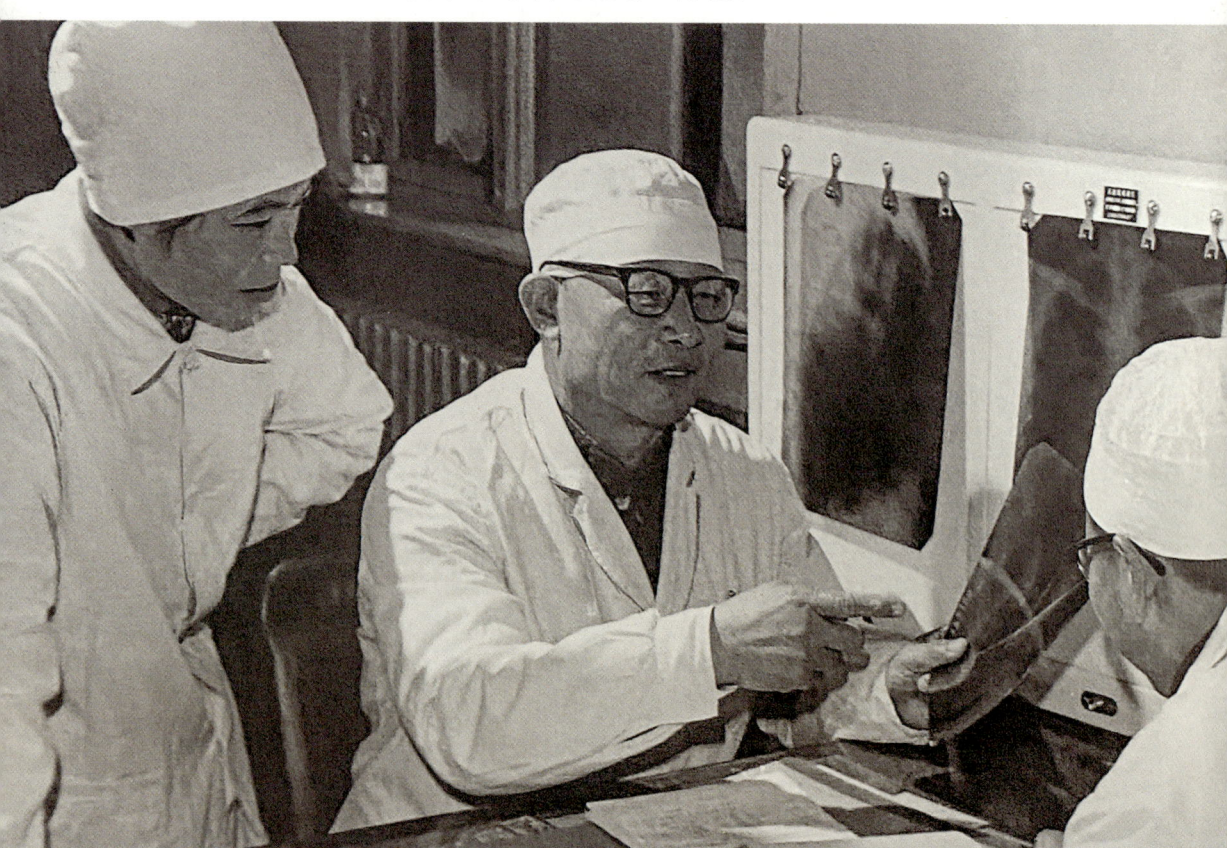

▲ 我国著名心胸外科专家辛育龄教授（右）祝贺他的弟子赵凤瑞攻克世界性难题。（新华社记者 王呈选 摄）

辛育龄同麻醉医师研究后，创新采用双腔插管麻醉法保障手术安全，成功治疗了两百多例；60年代又研究创立支气管残端黏膜外层缝合法，将残端瘘发生率降到0.4%，基本避免了这种致命的手术并发症。

解决一两个医学难题，并没有让辛育龄感到满足。

从1958年到1980年，辛育龄牵头举办培训班，为全国培养出300余名胸外科技术骨干，指导40多个医院建立了胸外科。

▲ 辛育龄在北京中日友好医院庆祝百岁生日,与家人合影。(新华社发,蔡莹莹 摄)

50年代重症肺结核外科治疗,60年代针刺麻醉下肺切除手术,70年代肺癌外科手术,80年代电化学疗法治疗晚期肺癌……从患者需要出发,辛育龄不断挑战难题,创造了多个"第一",挽救了大量生命。

"如果你解决不了难题,算什么'名医'?"可为了解决难题,辛育龄竟在自己身上做起了实验!

有人说开胸手术创伤太大,不适宜做针刺麻醉。辛育龄就在针麻状态下实施自己的急性阑尾炎手术,又用镊子夹自己的皮肤,相继用

仪器测痛阈,为筛选适合针麻手术的病例做比较。

胸部手术需扎16针,由4个大夫在术中不停地捻动。"这么复杂的操作,如何能够推广?"辛育龄运用优选法对每个穴位进行痛阈测试,终于在前臂外侧找到了镇痛效果最好的穴位。

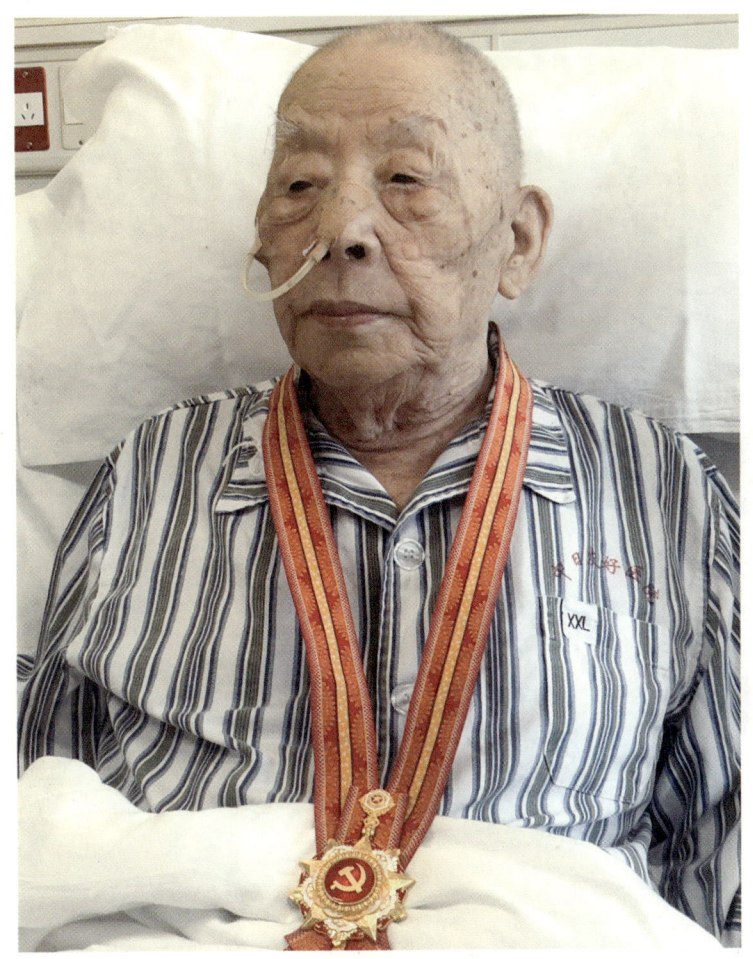

▲这是"七一勋章"获得者辛育龄。(新华社发,陈欣 摄)

1970年,辛育龄成功主刀首例运用一根针针刺麻醉下肺切除手术,此后用针刺麻醉做了1400多例肺切除,成功率高达98%,令国内外同行赞叹不已。1972年时任美国总统尼克松访华,特别要求参观这一手术。针刺麻醉推动了我国针灸镇痛原理的研究,为中国针灸疗法走向世界奠定了基础。

辛育龄在北京中日友好医院(翻拍照片)。
(新华社记者 张玉薇 摄)

张桂梅
点亮大山女孩梦想的"校长妈妈"

张桂梅，女，满族，1957年6月生，1998年4月入党，辽宁岫岩人，云南省丽江华坪女子高级中学党支部书记、校长，华坪县儿童福利院（华坪儿童之家）院长，党的十七大代表。扎根贫困地区40余年，创办全国第一所全免费女子高中，帮助1800多名贫困山区女孩圆梦大学，是为教育事业奉献一切的"张妈妈"。探索形成"党建统领教学、革命传统立校、红色文化育人"特色教学模式，用红色基因树人铸魂。拖着病体忘我工作，持续12年家访超过1600户，行程11万余公里。荣获"全国脱贫攻坚楷模"荣誉称号和"全国优秀共产党员""全国先进工作者""时代楷模"等称号。

七一勋章相册

▶ "我有一个梦想"

托举起无数希望与梦想的华坪女高,曾是张桂梅一个遥不可及的梦。

张桂梅原本和丈夫一起在大理一所中学教书。1995年,丈夫因胃癌去世。不久后,张桂梅主动申请调到偏远的丽江市华坪县工作。

到华坪县教书后,张桂梅发现一个现象,许多女学生读着读着就不来了。"有的被叫回去干农活,有的是父母收了彩礼,让孩子辍学结婚。"

2001年,华坪县儿童福利院成立,因为张桂梅在当地教书小有名气,捐款的慈善机构指定要她当院长。担任院长后,她逐一了解福利院孩子们的身世发现,不少女孩并非孤儿,而是被父母遗弃的。

▲张桂梅与华坪儿童福利院的孩子们在一起。(新华社发,资料照片)

▲张桂梅走访华坪县民族小学时教孩子们唱歌。(新华社记者 杨跃萍 摄)

▲ 张桂梅和学生们在一起。（新华社记者 陈欣波 摄）

▲ 张桂梅（中）在教室里检查孩子们的学习情况。（新华社记者 陈欣波 摄）

▲ 课间，张桂梅（左一）在教室和学生们一起唱《红梅赞》。（新华社发，陈欣波 摄）

▲ 每天回到福利院，孩子们都会帮张桂梅撕掉贴了一天的止痛胶带。（新华社记者 江文耀 摄）

▲ 张桂梅在家访时与学生家长交谈。
（新华社发，王秀丽 摄）

▲ 一名老师搀扶张桂梅
（新华社发，陈欣波 摄）

一次家访途中的偶遇,更让张桂梅心痛不已。

一个十三四岁的女孩呆坐在路边,忧愁地望着远方。张桂梅上前询问得知,父母为了3万元彩礼,要她辍学嫁人。"我要读书,我不想嫁人……"女孩一直哭喊着。张桂梅想带女孩走,但女孩母亲以死相逼,她只能无奈放弃。

目睹一幕幕悲剧,一个梦想渐渐在张桂梅心中萌发——办一所免费女子高中,让大山里的女孩都能读书。

▶ 曾遥不可及的办学梦终圆

办一所学校困难重重。为筹款办学,她曾连续几个假期去昆明街头募捐。她把自己的荣誉证书复印了一大兜,逢人便拿出来请求捐款,可换回的却是不理解和白眼。

2007年,张桂梅的梦想出现转机。那年,她作为党的十七大代表到北京开会。一天早晨,她正匆忙赶往会场,一位女记者突然把她拉

▲ 张桂梅与华坪县民族小学学生在新教学楼前。
(新华社记者 杨跃萍 摄)

七一勋章相册

▲ 张桂梅与爱心人士通过电话交流。（新华社发，陈欣波 摄）

住，悄悄对她说："摸摸你的裤子。"张桂梅一摸，羞得脸通红，她的牛仔裤上有两个破洞。

"我平时家访走累了，经常席地而坐，裤子不知啥时磨破了。"张桂梅说。那天散会后，她和这位记者一直聊到深夜。没多久，一篇《"我有一个梦想"——访云南省丽江市华坪县民族中学教师张桂梅代表》的报道播发，她的梦想受到全国关注。

2008年，在各级党委政府关心支持下，全国第一所公办免费女子高中——丽江华坪女子高级中学正式成立。2008年9月，华坪女高首批100名学生入学。

陆元九
突破重重阻力回到祖国怀抱，已过百岁仍然躬耕育人

陆元九，男，汉族，1920年1月生，1982年12月入党，安徽来安人，中国航天科技集团有限公司科技委顾问，中国科学院院士、中国工程院院士。第三届全国人大代表，第五、六、七届全国政协委员。我国自动化科学技术开拓者之一。作为早期出国留学的博士，新中国成立初期，突破重重阻力毅然回到祖国怀抱，潜心研究，矢志奉献。首次提出"回收卫星"概念，创造性运用自动控制观点和方法对陀螺及惯性导航原理进行论述，为"两弹一星"工程及航天重大工程建设作出卓越贡献。荣获"航天奖"。

▲ 1995年,陆元九与夫人在家中。(新华社发,中国航天科技集团供图)

▲ 1964年,中国科学院自动化研究所副所长、中国科学技术大学自动化系副主任陆元九教授课后给学生们解答疑难问题。(新华社记者 楚英 摄)

◀ 1959年9月14日,中国科学院自动化研究所的科学工作者们举行欢庆苏联宇宙火箭到达月球晚会。图为研究室主任陆元九在会上讲述苏联火箭技术方面的卓越成就。(新华社记者 牛畏予 摄)

▲1991年3月26日,出席全国政协七届四次会议的科技界委员陆元九(右一)在讨论李鹏总理的报告时说,"科学技术是第一生产力"。(新华社记者 刘建国 摄)

▶ "对上天产品,99分不及格,相当于零分"

　　1920年,陆元九出生于安徽省滁州市。1941年,他毕业于中央大学航空工程系,获学士学位。1949年,获美国麻省理工学院博士学位。

1956年，几经辗转，陆元九回到了祖国。不久，他便被分配到中国科学院，参与筹建自动化研究所。

1958年，中央决定以中国科学院为主组建专门的研究、设计机构，研制人造地球卫星。陆元九大胆提出，要进行人造卫星自动控制的研究，而且要用控制手段回收。这是世界上首次提出"回收卫星"的概念。与此同时，我国第一个探空火箭仪器舱模型在陆元九及其同事手中诞生。

作为一名科研工作者，陆元九不仅科研成果丰富，他在著作上也十分有建树。20世纪60年代，陆元九在陀螺、惯性导航及自动控制方面曾出版过一本重要的专著——《陀螺及惯性导航》。这本著作是我国惯性技术方面最早的专著之一，对我国惯性技术的发展，起到了重要推动作用。在他的努力下，国家还批准建立了惯性仪表测试中心，

▼ 上世纪90年代，陆元九在北京惯导测试中心调研时在门前留影。（新华社发，中国航天科技集团供图）

▲ 陆元九院士在航天时代电子公司激光陀螺实验室与同事探讨问题。（新华社发，中国航天科技集团供图）

为我国惯性仪表研制打下坚实基础。

航天工作的特殊性质，决定了对质量、安全的极高要求。陆元九深知航天无小事，航天人如没有事事认真的精神，很难扼住失败的命运。他常说："对上天产品，99分不及格，相当于零分。100分才及格，及格了还要评好坏。"因此，在工作中，陆元九非常严谨认真。

除此之外，陆元九还注重人才培养工作。在中国科学院自动化研究所建所初期，他就组织了科研人员的专业技术学习和外语学习，并亲自讲授英语和专业课程。当时他还兼任中国科技大学教授和自动化系副系主任，讲授陀螺及惯性导航方面的课程。在航天部控制器件研究所担任所长期间仍亲自给年轻的科技人员讲授英语和专业技术。在他的努力下，航天系统自培高学历人才已成风尚，我国航天人才断层问题逐步得到了解决。

陆元九还充分利用对外开放的机会，多渠道聘请专家、组织国际会议，进行技术交流，引进人才，引进先进技术，为我国惯性技术的发展作出了重要贡献。

▼ 1990年，陆元九在美国普林斯顿大学参加国际学术会议时留影。（新华社发，中国航天科技集团供图）

陈红军
新时代革命军人的杰出代表

陈红军,男,汉族,1987年3月生,2009年4月入党,2020年6月牺牲,甘肃两当人,中国人民解放军某部原分队长。新时代革命军人的杰出代表,坚守高原边防10年,带领官兵完成各种急难险重任务。2020年6月15日,奉命带队前往一线紧急支援,在同外军战斗中,英勇作战、誓死不屈,为捍卫祖国领土主权、维护国家核心利益壮烈牺牲。被追授"卫国戍边英雄"荣誉称号。

▶ "有一天,我一定要穿上这身军装"

2009年,陈红军从地方大学毕业,本已通过公安特警招录考试,可一听说征兵的消息就临时"变卦",最终走进火热军营。

走上高原是因为理想,留在高原则考验信念。无法摆脱的高寒缺氧,满目的荒漠冰川,漫长的冬季封山……胸怀"党叫干啥就干啥"的赤胆忠诚,肩负"边关有我在,祖国请放心"的勇敢担当,陈红军

第三篇
获奖者事迹及
人生精彩瞬间

坚守着无数边防军人用生命筑起的精神高地，扎根奉献奋战在边防斗争一线。

2020年，他成长为全团最年轻的营长，在祖国的西部边境线上洒尽热血，将自己的军旅生涯永远定格在了第11年。

11年的军旅生涯，赤胆忠诚皆为祖国。

团政委王利军说，这些年来，陈红军先后任排长、参谋、连长、协理员、股长、营长，

◀ 某边防团官兵在"大好河山寸土不让"标语前举行重温入党誓词仪式（资料照片）。（新华社发，郑晓林 摄）

▼ 陈红军在组织装甲车训练（资料照片）。（新华社发，李俊磊 摄）

◤ 陈红军（资料照片）。新华社发（何生盼 摄）

岗位多次变换，每个岗位拼尽全力、表现出色。

"红军本是学心理学的，军事方面可谓零基础。可担任二连连长后，他很快就掌握了装甲专业知识。"曾任二连指导员的王伟，说起老搭档的钻劲儿，慨叹不已。

"当作训股股长时，他的办公室在三楼，宿舍在一楼，遇到重大任务，干脆在办公室支了张行军床……"聊到老股长，连长陈鸿宇直言，"他干起工作来，就是个拼命三郎！"

母亲丁念毕回忆道，陈红军从小就崇拜军人保家卫国，经常"偷"他三叔的军帽戴。后来，有高中同学参军，他又借来军装拍照，并告诉母亲："有一天，我一定要穿上这身军装。"

▶ "党把自己放在什么岗位上，就要在什么岗位上建功立业"

在陈红军宿舍书柜里的一本书中，一段画线重点标注的话折射出他对职责使命的理解："党把自己放在什么岗位上，就要在什么岗位

上建功立业……"

机步营是边情紧急时支援一线的力量。陈红军任营长时，正好赶上全营从装甲步兵营向机械化步兵营转型。

起初他充满了本领恐慌，但使命感促使他不断激励自我，奋发进取。

整理陈红军遗物时，何生盼看到，营长没有个人日记，有的只是厚厚的几本工作笔记，其中，单就一个站哨就列出了好几点问题。

陈红军牺牲后，机步营官兵发现，大家谁也说不出营长有什么业余爱好，"印象中，他最喜欢的似乎除了工作还是工作"。

在陈红军的带领下，机步营改制不到2年便形成作战能力，先后被表彰为军事训练一级单位、装备管理先进单位、后勤管理先进单位……

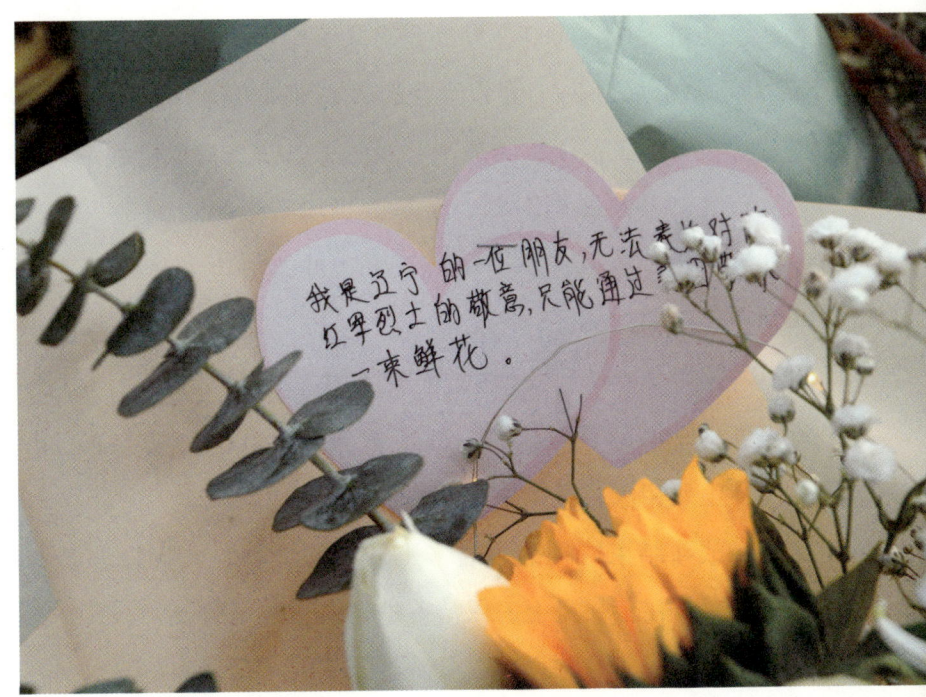

▶ 这是在甘肃省兰州市烈士陵园拍摄的网友给陈红军烈士敬献的花束留言。（新华社记者 范培珅 摄）

▲ 这是在甘肃省兰州市烈士陵园拍摄的社会各界人士给陈红军烈士敬献的花篮。（新华社记者 郎兵兵 摄）

▶ "党员干部跟我顶在最前面，义务兵往后靠"

边境一线，陈红军始终是官兵眼中的标杆。

"构筑工事，几十斤重的大石头，我们抱一块，他肯定也抱一块。"下士王钰说，"战士衣服脏了，营长身上也绝不会干净"。

在战斗最激烈时刻，上等兵杨旭东亲眼看到——面对外军人多势众、咄咄逼人的态势，陈红军一边冲锋一边大声喊："党员干部跟我顶在最前面，义务兵往后靠……"

平时甘苦与共，战时生死与共。那场战斗中，团长顶在最前面阻挡外军，营长救团长、战士救营长、班长救战士……我官兵上下同欲、生死相依，是以少胜多的关键所在。

战斗结束清理战场时，王钰在陈红军等人牺牲现场看到，一名战士紧紧趴在营长身上，保持着护住营长的姿势。

这名战士是陈祥榕——陈红军平时关爱最多的"娃娃兵"之一。

林 丹

扎根社区四十余年的"小巷总理"

林丹,女,汉族,1948年12月生,1985年8月入党,福建福州人,福建省福州市鼓楼区东街街道军门社区党委书记,党的十七大、十八大代表。社区工作者的杰出代表,扎根社区40余年,始终为民爱民,当好党的"传声筒"、群众的"服务员",脚踏实地做好社区每一项工作。以党建为引领,创新社区治理模式,推行"一趟不用跑、最多跑一趟"服务,设立居民恳谈日、"居家养老服务中心"等,把党的工作做到群众心坎上,被群众亲切地称为"小巷总理"。荣获"全国优秀共产党员""全国三八红旗手标兵"等称号。

七一勋章相册

▲ 福州市鼓楼区东街街道军门社区党委书记林丹（中）在社区居家养老服务照料中心与就餐老人刘建国（左）和他的老伴打招呼。（新华社记者 林善传 摄）

第三篇
获奖者事迹及
人生精彩瞬间

▶ 因为热爱，所以坚持

军门社区地处福州市鼓楼区繁华地段，拥有居民约3500户，人口超1.3万人，是当地远近闻名的明星社区、和谐社区。昔日的军门社区，是墙壁褙着报纸的木屋区，如今已变成信息化管理的现代社区，养老服务中心、少儿托管中心、社区办事厅等服务设施一应俱全。

上世纪70年代初，林丹与社区就已结下缘分。1972年，林丹作为返乡知青回城待业。这年夏天，居委会主任邀请24岁的她到居委会帮帮忙。谁知这一"帮"，就是几十年。

▼ 林丹（右）和军门社区党委副书记谢榕在社区检查景观绿植等工作。（新华社记者 林善传 摄）

七一勋章相册

40多年来,林丹每天走街串巷,倾听家长里短,记下居民们最关心的难事、杂事、烦心事,想方设法帮助解决。林丹说:"社区都是'婆婆妈妈'的事,忙到现在,自己都成了'老婆婆'。"

多年来,多家单位先后向林丹伸出"橄榄枝",但都被她拒绝了。"我热爱社区工作,不舍得离开。"林丹说。

▶ 脚踏实地做好每一项工作

"把社区当成家,把居民的难事、烦心事当成自己的事。"林丹经常这么说,也一直这么做。

林林丹(左一)在社区居家养老服务中心向徐佩英老人了解饮食健康情况。(新华社记者 林善传 摄)

这是林丹肖像。（新华社记者 谢环池 摄）

因先天残疾，社区居民李星长期找不到稳定的工作。得知李星的家庭状况后，林丹主动找上门，不仅帮他们申领了低保，还积极帮助介绍工作。很快，李星就在一家维修服务中心找到了工作，生活也逐渐步入正轨。

这样的事情在军门社区还有很多：

年过八旬的孤寡老人吴老太无依无靠，林丹就当起她的"女儿"，长年累月照顾老人的日常起居，老人去世后又帮忙料理后事；社区青年小王入狱服刑期间，母亲病逝，租住的房屋被房东收回，刑满释放后，林丹将无家可归的小王领回家，帮忙介绍工作，让他感受到家的温暖……

▲ 林丹来到军门社区"阳光朵朵"少儿托管中心看望放学后在这里托管的小朋友。(新华社记者 林善传 摄)

多年来,林丹为社区居民做了大量的好事、实事。军门社区的居民们常说:哪里有困难,哪里就会有林丹的身影。

卓嘎

戍边的卫士，国家的坐标

卓嘎，女，藏族，1961年9月生，1996年7月入党，西藏隆子人，西藏自治区隆子县玉麦乡玉麦村农民，西藏自治区妇联副主席（兼职），第十三届全国人大代表。爱国守边精神的传承者，秉持"家是玉麦、国是中国"的坚定信念，数十年如一日以抵边放牧、巡逻的方式守护数千平方公里的国土，国旗挂遍走过的每一条路，践行了"再苦再累也要守好祖国的每一寸土地"的承诺。积极宣讲党的恩情，引导群众听党话、感党恩、跟党走。荣获"全国三八红旗手标兵""时代楷模"等称号。

▲ 卓嘎（中）、央宗（左）姐妹和当地边防战士在一起。（新华社记者 普布扎西 摄）

▶ 坚守："三人乡"传奇

玉麦乡隶属西藏山南市隆子县，位于中印边境。

1995年之前的十几年里，卓嘎、她的妹妹央宗及父亲桑杰曲巴，是这片土地上仅有的居民。

一栋房子，既是乡政府，也是他们的家。

数十年间，这个位于喜马拉雅山脉南麓的偏远乡村，每年大雪封山半年之久，是真正的"孤岛"。

印度洋季风每年给这里带来充沛的雨水，但玉麦看似肥沃的土地却怎么也长不出庄稼。"每运一次粮食，只能靠人背马驮，徒步穿越羊肠山道和沼泽遍地的森林，再翻越海拔近5000米的日拉山，才能抵

达40多公里外最近的一条公路。"卓嘎回忆道。

1962年后，一批批的人来了，又迁走了。

1983年，政府决定将玉麦仅剩的3户人家搬到邻近条件较好的曲松。

"爸啦，我们就留在这里，不要再回玉麦了。"回忆起年轻的自己和妹妹劝说父亲的情景，卓嘎至今感慨万千，"年轻人总想去更好的地方、过更好的生活，'家国情怀'对于那时的我们而言仅仅只是一个概念。"

"我的梦里都是玉麦，那是我们的故乡，我们必须回去！"桑杰曲巴却坚定地说。

仅仅过了一个冬天，在父亲的坚持下，卓嘎和妹妹又默默跟随父亲回到了玉麦，一家三口人又开始了几乎与世隔绝的生活。

▼ 卓嘎（左）、央宗姐妹俩在一起。
（新华社记者 普布扎西 摄）

🔺 被授予"时代楷模"称号的卓嘎（右二）、央宗（左二）姐妹在"时代楷模"授予仪式上与主持人和观众互动交流。（新华社记者 潘旭 摄）

▶ 守护：手绣国旗

玉麦很大，境域面积达3644平方公里。

"如果我们走了，这块国土就没人了！"父亲的这句话，卓嘎和妹妹记了一辈子。

至今，卓嘎依然记得，有一天，父亲翻箱倒柜找出平日里做衣服用的红布和黄布，又裁又剪。

当时的她在想，父亲一定是在给她和妹妹做新衣。

看着父亲穿针引线，将黄布剪裁成"看似像花又不是花的图形"，并精心地将它们缝制在长方形的红布上。姐妹俩不禁好奇地问道："这是什么？"

◀ 这是"七一勋章"获得者卓嘎。（新华社记者 谢环驰 摄）

七一勋章相册

▶ 西藏自治区山南市隆子县玉麦乡玉麦村农民卓嘎。（新华社记者 普布扎西 摄）

父亲神秘地笑着说："这是中国最宝贵的东西。"

那一天，中华人民共和国的一个小小角落上，一面五星红旗迎风飘扬。那是父亲亲手缝制的国旗。

后来，只要父亲走出大山，总会购买新的国旗。

姐妹俩开始明白了，守护脚下的土地，就是守护国家。

为了守边，桑杰曲巴自1960年玉麦乡成立起便担任乡长，一干就是29年。1988年，卓嘎从父亲手中接过接力棒，任乡长一干就是23年。

到1999年，玉麦已发展至5户22人，人均年收入超过西藏农牧民平均水平，达2143元。

同年，总投入近4000万元的曲玉公路开工建设。自那年起，玉麦开始在一些重要的日子举行庄严的升国旗仪式，那是乡民寄托爱国情怀的朴素方式。

周永开
一直到死,争当一名合格的共产党员

周永开,男,汉族,1928年3月生,1945年8月入党,四川巴中人,四川省原达县地委副书记。一生追随党、赤诚为人民。解放前,冒着生命危险在川北地区开展党的地下工作。新中国成立后,全心全意为百姓造福,恪尽职守推动地方发展、脱贫攻坚、改善民生和生态建设,是群众心中的"草鞋书记"。离休后带领群众植树造林,在当地建成国家级自然保护区,被亲切地称为"周老革命"。荣获"全国优秀共产党员""全国离退休干部先进个人"等称号。

七一勋章相册

在四川省达州市达川区铁山林场,周永开(左二)为护林工人讲党课。(新华社发,邓良奎 摄)

▶ 茫茫黑夜里冒死宣誓

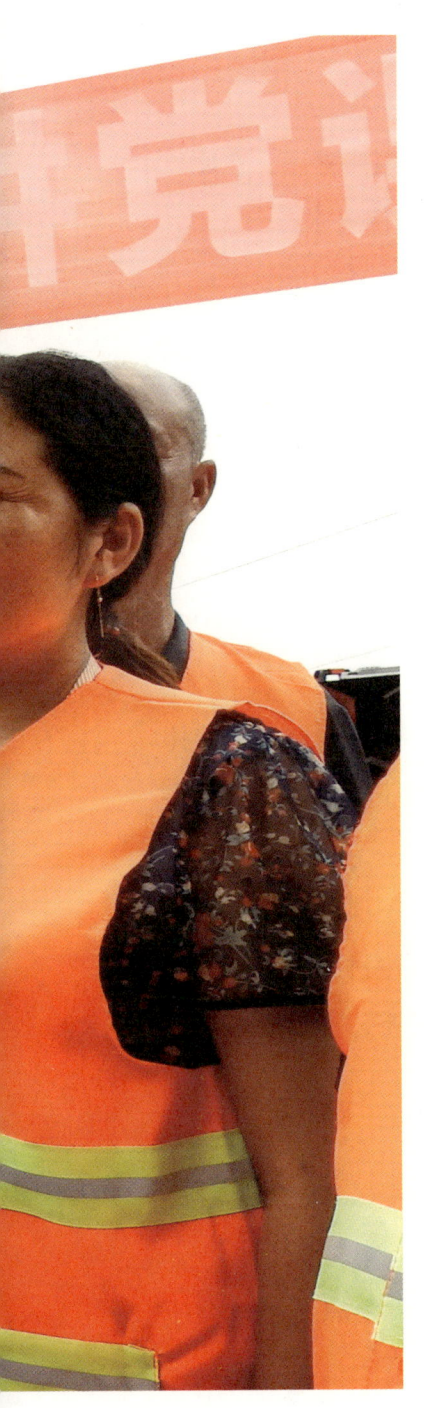

1928年,周永开出生于巴中一户农民家中。年少时,红军在这里建立了川陕革命根据地,他亲身感受到"不一样"的共产党队伍:"国民党乡长下乡,骑着马,前面有人开路,后面有人背枪跟着,不可一世。当时遍地土匪,遍地鸦片。红军一来,打土匪,做事公道,还帮我父亲戒掉了鸦片。"

革命的种子播撒在他幼小的心里。

周永开就读的化成小学,是川东北地下党活动的中心。老师经常教授进步思想。

像打开了一扇窗,周永开的眼睛亮了起来。在17岁的一个黑夜里,他和老师借着星光摸到了学校后山。黑夜里,他冒死举手宣誓:"我志愿加入中国共产党!"

入党后,表现积极的周永开很快引起国民党特务的注意,要向他下手。得到消息后,周永开撤退回到家乡巴中,继续坚持武装斗争。

"搞武装需要枪,只能去成都搞。那时快解放了,成都查得特别严,沿途都是关卡。我们把枪藏在白蜡里,装作贩卖白蜡的商人,从成都把枪运回巴中。"周永开平静述说战斗岁月。

▶ 矢志奉献晚年再"上山"

周永开曾任中共地下党原巴中县委书记，新中国成立后，在原巴中县委、达县地委工作，1992年在达州市纪委书记岗位离休。

然而，退休后的他没有歇息，上了花萼山。

花萼山曾是川陕革命老区"万源保卫战"主战场，山势险峻，一度生态破坏严重。1994年，周永开带着两名退休干部开赴花萼山，每天护林防火，劝阻村民砍伐林木、捕杀猎物，向民众宣传保护自然资源的意义，宣讲相关政策。

3位老人白天拄着拐杖赶路，晚上在地上铺着木板睡觉。山高气寒，考验着他们的筋骨。周永开甚至花钱买下3间破旧民房，为保护花萼山生态打起了持久战。

当时周永开已66岁，做过胆切除手术。一次，他带病巡山昏迷摔伤，住院1个多月。组织上反复劝说，周永开不但没下山，还把体弱多病的老伴也带上了山，护林养林一干就是10来年。

在周永开带动下，当地村民变砍柴为捡柴。村民项能奎说："周老汉把树当作他的命，我们不好意思再砍了！"多位村民加入了护林行列。周永开功成身退下山时，花萼山已造林上千亩，推动建成了花萼山国家级自然保护区。

▶ 铭记党恩本色永不变

平日里，周永开不喜欢别人叫他周书记，一声"周老汉"令他开怀。

第三篇
获奖者事迹及人生精彩瞬间

▲ 这是"七一勋章"获得者周永开。（新华社记者 谢环驰 摄）

周永开一生俭朴,至今仍住在约60平方米的老楼里。曾有几次集资建房的机会,他都让出去了,他认为该让职工住上好房子,自己只要能住下就可以。

"我们国家还很穷,那么多人没住上好房子,我绝不能住好的。"他说。

1998年,他在当年参加革命活动的巴中市奇章中学、化成小学设立"共产主义奖学金",颁发10余届,先后奖励师生近400人,颁发奖金8.9万余元。2018年,他再次捐赠奖学金10万元。

2011年中国共产党成立90周年,为了表达自己对党的感情,周永开出资在化成一处裸露的山崖上刻下"中国共产党万岁"7个大字,在当地百姓心中产生了强烈共鸣。

◀ 在四川省达州市达川区,周永开在家中阅读书籍。(新华社记者 王曦 摄)

柴云振
"活着的烈士"
《谁是最可爱的人》原型之一

柴云振,男,汉族,1926年11月生,1949年12月入党,2018年12月去世,四川岳池人,四川省岳池县财政局原副县级离休干部。九死一生的战斗英雄,先后参加解放战争、抗美援朝,被称为"活着的黄继光",是《谁是最可爱的人》原型之一。1951年在抗美援朝朴达峰阻击战中,杀敌百余人,浴血奋战到孤身一人。1952年伤残复员回乡务农,从不提及自己的功绩,为党和人民默默奉献了一辈子。荣获志愿军"一级战斗英雄"荣誉称号,被朝鲜授予"一级自由独立勋章"。

隐姓埋名,不慕荣利

柴云振参加过抗美援朝作战,战后被志愿军总部记特等功,并授予"一级战斗英雄"称号。尽管战功赫赫,但他的事迹却鲜为人知,一度成为"活着的烈士"。

志愿军一级战斗英雄、特等功臣柴云振。(新华社稿,孙恕 摄)

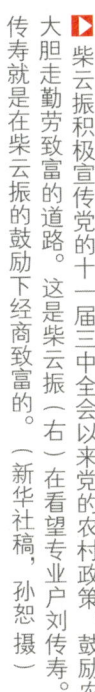

▶ 柴云振积极宣传党的十一届三中全会以来党的农村政策，鼓励农民大胆走勤劳致富的道路。这是柴云振（右）在看望专业户刘传寿。刘传寿就是在柴云振的鼓励下经商致富的。（新华社稿，孙恕摄）

在抗美援朝一次作战中，柴云振作为班长带领全班仅剩的3名战士直插敌群，用20分钟夺占3个阵地。殊死肉搏中，他右手食指被敌人咬断，全身24处受伤。

战后，右手扣不了扳机的柴云振，因不愿成为部队的负担，便隐姓埋名回到家乡，过着贫苦的农耕生活。三十多年间，他从未提起自己的事迹，连朝夕相处的儿女都不知道，自己的父亲竟然是一位战斗英雄。

部队和柴云振失去联系后，经过多次寻找没有结果，只好认定为他为烈士。1984年，部队再度寻找英雄，柴云振的事迹才浮出水面。

🔺 老英雄柴云振正在给少先队员们讲述他当年的战斗故事。（新华社稿，孙恕 摄）

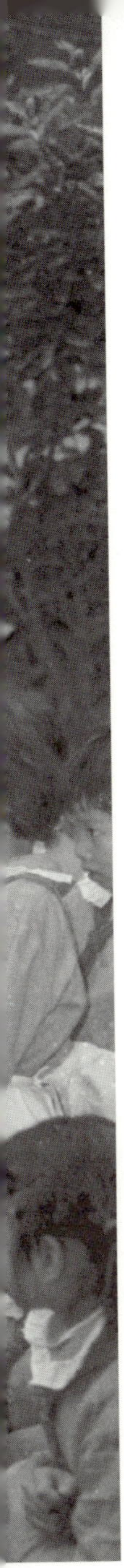

第三篇
获奖者事迹及
人生精彩瞬间

"这些年来，我们多次请老英雄回老部队给官兵讲战斗故事，他'隐姓埋名、不慕荣利'的奉献精神已列入空降兵部队十大优良传统之一。"柴云振生前所在部队、空降兵某旅政委姚恒文带工作组一行专程参加遗体告别仪式。他表示，对英雄最好的祭奠，就是秉承英雄血脉、发扬英雄精神、续写英雄篇章。

▼ 30多年来，柴云振在老家农村，先后担任过乡长、公社党委副书记、大队长等职务，任劳任怨地为党和人民工作，深受群众的爱戴。这是柴云振在指导民兵训练。（新华社稿，孙恕 摄）

▲ 志愿军一级战斗英雄、特等功臣柴云振在作报告。
（资料照片，新华社发）

"这么多年，他一直低调简朴，从不说自己是英雄。他总说，'真正的英雄，是那些牺牲的战友'。"柴云振生前所在连队连长毛小龙说，"我们要始终铭记老一辈英雄的丰功伟绩，把连队建成一流的战斗连队。"

郭瑞祥

多想让老战友们也能一睹今日芳华

郭瑞祥,男,汉族,1920年12月生,1937年3月入党,河北魏县人,贵州省都匀军分区原副政治委员。矢志坚守初心的红军战士。16岁投身革命,抗日战争时期,先后参加冀南战斗、反扫荡战役、肖渠战斗、曹县东南反顽战役等,作战英勇。解放战争时期,在情况非常危急、部队成分不纯的情况下,及时整顿健全组织、加强党的领导,有效挽救危局。离休后生活简朴,始终保持红军的政治本色。荣获"三级独立自由勋章""三级解放勋章""独立功勋荣誉章"。

◀ 郭瑞祥在贵州工作时期的资料照片。（新华社发）

▶ 郭瑞祥在大连家中读书。（新华社发，刘丹 摄）

▶ 出生入死,革命理想大于天

16岁那年,郭瑞祥投身革命。戎马生涯几十年,他历经抗日战争、解放战争的战火洗礼,参加大小战役战斗10余次,始终坚定不移跟党走,为革命出生入死、屡立战功。

1940年5月,在鲁西南一个叫肖渠的地方,日军兵分两路发起进攻。

"战斗非常激烈,战士的鲜血染红了沟沟崂崂。"时任新三旅八

七一勋章相册

▲ 这是"七一勋章"获得者郭瑞祥。(新华社记者 谢环驰 摄)

团一营一连指导员的郭瑞祥,带领一个排迂回到敌人后方,突袭了留守的日军。

尽管已经过去80多年,郭瑞祥对当年的战斗细节仍然记忆如昨:"我命令战士架起机枪向日军扫射,日军围墙里的一批战马受到枪声惊吓,纷纷跳墙逃走了。"

"当时留守的日军连死带逃,我们乘胜追击,缴获了十几匹日本战马、一批骑兵步枪和一挺歪把子机枪,打击了敌人的嚣张气焰。"郭瑞祥回忆。

1946年9月,时任东明县独立营政治委员的郭瑞祥带领150余名战士向敌军发起进攻,由于消息泄露,敌军增援1000多人将队伍包围。

战斗从拂晓打到天黑,所有战士都水米未进,多次突围失利。危急时刻,郭瑞祥挺身而出,带领着由党员、干部等组成的突击组,一只手持驳壳枪,一只手拿马刀,第一个冲了出去。

讲起这一段,这位百岁老兵记忆犹新:"我一冲,战士们跟小老虎一样,都冲上去了。敌人一见到这场面,像兔子一样,连枪都不拿就跑了,整个敌军全线崩溃。"

▶ 情报和剿匪工作功勋卓著

1937年3月,郭瑞祥在战乱中光荣加入中国共产党。

从此之后,这位农民的儿子坚定了跟党走的信念意志,无论遇到何种困难和考验,从未动摇。

七七事变爆发后,郭瑞祥担任地下工作者,在复杂险恶的环境中,为我军收集了大量情报。他积极在群众中发展党员,扩大党的队

七一勋章相册

伍,还在1939年组织带领40余人光荣参军。

东明县独立营原本是个地方武装,副营长和一连长都当过土匪,加入我军后,土匪习气一直也没有改掉,经常出现拉山头、搞小团体等情况。

"身为政治干部,我反复给他们做思想工作,耐心讲解我军的宗旨、党的纪律,讲明军队组织纪律的重要性。"郭瑞祥回忆。同时,他狠抓部队党组织的领导力、组织力和执行力,牢牢掌控住队伍,确保部队始终听党话、跟党走。

渡江战役后,郭瑞祥所在的二野五兵团西进贵州,开展剿匪战斗。1950年初,他负责对起义部队进行教育,宣传党的政策及我军的方针,在随时可能发生反叛暴动的情况下,完成了对官兵的改造,并很快把他们分编到了正规的解放军部队,充实了我军力量。

▲这是"七一勋章"获得者郭瑞祥。(新华社记者 李贺 摄)

黄大发
大山里的老愚公,
"生命到哪一天,就干到哪一天"

黄大发,男,汉族,1935年11月生,1959年11月入党,贵州遵义人,贵州省遵义市播州区平正仡佬族乡原草王坝村党支部书记。一心为民、埋头苦干、百折不挠的楷模。带领村民历时36年,在悬崖绝壁上开凿出一条主渠长7200米、支渠长2200米的"生命渠",用实干兑现"水过不去、拿命来铺"的誓言,为改善山区群众用水条件、实现脱贫致富作出巨大贡献,被誉为"当代愚公"。荣获"全国劳动模范""时代楷模"等称号。

黄大发捧起一捧水渠里的水洗手。（新华社记者 刘续 摄）

▶ "哪怕我用命去换，也要干成！"

1992年春，引水工程开工，57岁的黄大发带领200多名乡亲，带着铁锹、铁锤、钢钎浩浩荡荡奔赴工地。大家早上出门时提一罐苞谷沙，饿了点柴草热一下，稀里呼噜吞下去；夜晚来临，打着火把往家赶。有的村民干脆睡在石头窝里，数着星星盼天明。

有次炸山出现了哑炮，黄大发准备前去查看，有人突然大喊"要炸了"，情急之下他用随身的背篼罩住自己，碎石块霎时满天飞。万幸的是，碎石只击破了他的背篼，手臂上擦破了皮。

黄大发到处跑，鞋磨破了没钱买。有一次，他赤脚步行30多公里山路背炸药，脚板磨破血淋淋的，管仓库的工作人员想资助他20块钱买双鞋，却被拒绝了。

1993年，工程进行到异常险峻的擦耳岩，垂直300多米高，放炮非常危险。就在大家犯难的时候，黄大发第一个站出来，带着几名党员上到山顶，用绳子拴着大树，系上腰，顺着石壁慢慢往下探，寻找放炸药的合适位置。

◀ 这是黄大发在平正乡红心村和果农们研究水果种植技术。（新华社记者 刘续 摄）

▲ 黄大发检查"大发渠"的水质情况。（新华社记者 欧东衢 摄）

▶ 巡查累了，黄大发坐在水渠边歇一会儿。（新华社记者 刘续 摄）

▼ 黄大发走在去水渠的路上。
（新华社记者 刘续 摄）

　　正在这个节骨眼上，黄大发的二女儿生了病，由于没钱送医院，只好吃了些草药，在床上躺了几个月，始终不见好转。

　　一天清晨，黄大发正准备出门，突然听见女儿虚弱地说："爸爸，您把家里的猪卖了给我治治病吧，等我病好了，一定给您挣回来。"

　　"我们正在擦耳岩施工，我不去现场不放心，等忙过这几天，我就送你去医院。"黄大发咬紧牙根、含着泪上了工地。

　　可就在那天，女儿没等到父亲回来。黄大发沉默许久，最后蹦出一句话："把我那口棺材抬出来，先把二妹葬了吧！"

　　也是在那年，黄大发的大孙子因病没能及时救治，离开了人世。

　　修渠没有一名群众伤亡，他却永远失去了挚爱的女儿和孙子。

　　1995年，这条用风钻、铁锤、钢钎和双手，在悬崖峭壁上修出的

▶ 黄大发沿着修建在绝壁上的『大发渠』巡查。（新华社记者 刘续 摄）

▲ 黄大发在平正乡红心村和干部群众一起讨论水果销售情况。（新华社记者 刘续 摄）

七一勋章相册

黄大发在村里修建的观光步道上眺望远处的"大发渠"。（新华社记者 刘续 摄）

跨3个村、10余个村民组、全长9400米的"大发渠"全线贯通，草王坝彻底告别了靠天吃饭、"滴水贵如油"的历史。

"小时候我跟着外公上山，经过当年草草堆砌的二姨的坟前，外公总会抽起旱烟，站上好一阵，用手轻轻将坟头上的荒草拔除。我才明白，外公一直很沉默，其实内心很痛楚，很愧疚。"黄大发外孙女陈燕说。

在水渠惊险处，黄大发低头侧身通过，身旁就是悬崖。（新华社记者 刘续 摄）

黄文秀
扶贫路上谱写新时代的青春之歌

黄文秀，女，壮族，1989年4月生，2011年6月入党，2019年6月去世，广西田阳人，广西壮族自治区百色市委宣传部理论科原副科长、乐业县新化镇百坭村党支部原第一书记。在脱贫攻坚一线挥洒汗水、忘我奉献的新时代青年党员干部的优秀代表。研究生毕业后，放弃大城市的工作机会，主动请缨到贫困村任第一书记，把生命奉献给脱贫攻坚事业，谱写了新时代青春之歌。被追授"全国脱贫攻坚楷模"荣誉称号和"全国优秀共产党员""时代楷模"等称号。

七一勋章相册

▶ "不获全胜、决不收兵"

百坭村地处桂西大石山区，11个自然屯位置分散，好几个屯距村部都在10公里以上，这个偏僻的山村曾深度贫困。2018年3月，黄文秀响应组织号召到这里担任驻村第一书记时，全村472户尚有103户没有脱贫，5个屯"出行难"问题突出。

"扶贫之路只有前进没有退路，只要确定了就义无反顾。"驻村伊始，黄文秀便立下"不获全胜、决不收兵"的誓言。为全面掌握贫困户的致贫原因和现状，她白天挨家挨户走访，晚上与"村两委"研究脱贫对策，制定工作方案全力推进。

"文秀书记特别热情，经常和我们一起聊家常、做农活""家里老人身体不好，她主动带着老人去看病""她就像亲人一样，遇到困难，总是想方设法帮我们解决"……黄文秀在村里奔波的身影深深地刻在村民们的脑海里。驻村两个月，黄文秀便走完了全村所有贫困户，并在扶贫日记里绘制了"民情地图"，清楚地标明贫困户们的家

▲ 广西乐业县百坭村原第一书记黄文秀（右）到村民家中走访（资料照片）。（新华社发）

▲ 这是黄文秀与村民交流的发，乐业县宣传部供图）

▷ 黄文秀与村民一起采摘运输砂糖橘（资料照片）。（新华社发）

▲ 广西百色市乐业县新化镇百坭村第一书记黄文秀到村民家走访，主动帮村民掰玉米（资料照片）。（新华社发）

资料照片。（新华社

庭住址等信息。

"文秀书记工作特别认真,充满干劲,她曾给村里扶贫工作群取了一个响亮的名字——百坭村乡村振兴地表超强战队。"百坭村党支部书记周昌战回忆,2018年8月的一天,黄文秀带队下屯入户,当天一直忙到晚上。"回来路上,遇到暴雨,道路塌方,文秀书记和我们一起钻树林、爬泥坡、蹚大水,直到凌晨才回到村部。"

山路弯弯,步履不停。驻村期间,为提高工作效率,黄文秀将在乡镇挂职时贷款买的私家车开到村里当工作车用。2019年3月26日,黄文秀驻村满一年,汽车行驶里程约2.5万公里,当天她发了一条微信朋

▲ 黄文秀(左二)生前下屯访问贫困户的资料照片。(新华社发)

◆「最美奋斗者」黄文秀。（新华社发）

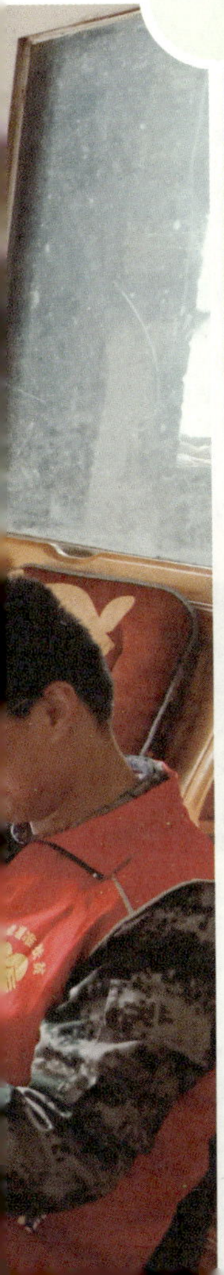

◀ 黄文秀带领村民清理村里的垃圾，改善村屯人居环境（资料照片）。（新华社发，乐业县宣传部供图）

▲ 黄文秀生前的工作照（资料照片）。（新华社发）

友圈："我心中的长征。"

驻村一年多，黄文秀带领百坭村88户共418人脱贫，全村贫困发生率下降20%以上，并推动完善了通屯路、蓄水池、路灯等基础设施。而此前村里很少有人知道，黄文秀同样来自贫困家庭。她靠着国家助学政策完成了学业，研究生毕业后毅然回到家乡百色。在百坭村，孩子们的教育问题也是黄文秀最牵挂的一件事。

百坭村村民黄仕京家曾因学致贫，两个孩子读大学，黄文秀帮他的孩子申请了"雨露计划"。黄仕京曾问过黄文秀来山村工作的原因，黄文秀说："百色是脱贫的主战场，我有什么理由不来呢？我们党是切实为群众谋发展谋幸福的党，我是一名共产党员，这就是我的使命。"

▲ 以黄文秀为创作原型的民族歌剧《扶贫路上》2020年17日在南宁上演。（新华社记者 崔博文 摄）

黄宝妹

"真正的仙女是我们的纺织女工"

黄宝妹,女,汉族,1931年12月生,1952年11月入党,上海人,原上海第十七棉纺织厂工会副主席,党的八大代表。新中国纺织工人的优秀代表,国家发展的见证者、参与者、奉献者。为实现"全国人民穿好衣"的梦想,勤勤恳恳干了一辈子,在平凡的岗位上干出了不平凡的业绩。退休后坚持发光发热,参与多地多个棉纺厂建设,积极服务居民群众,参加市"百老德育讲师团",直播宣讲劳模精神、宣讲党的优良传统。两次荣获"全国劳动模范"称号。

七一勋章相册

▶ 新中国第一代劳模

1931年，黄宝妹出生于上海，父母殷殷期待，为她取名"宝妹"。可惜的是，内忧外患之时，又有哪一个人可以当"宝贝"？

1944年，13岁的她进入日资裕丰纱厂当童工。"那时候，每天工作12小时，终日不见阳光，腰酸腿疼不说，手指也常被纱勒出血。纱线断了不接，还要被'拿摩温'（工头）殴打。晚上要被抄身之后才能回家。"黄宝妹说。

1949年5月27日，上海解放。"神兵天降，马路上到处是解放军。"黄宝妹回忆道。在上海国棉十七厂，她迎来了重生，"当时我想，既然共产党是为人

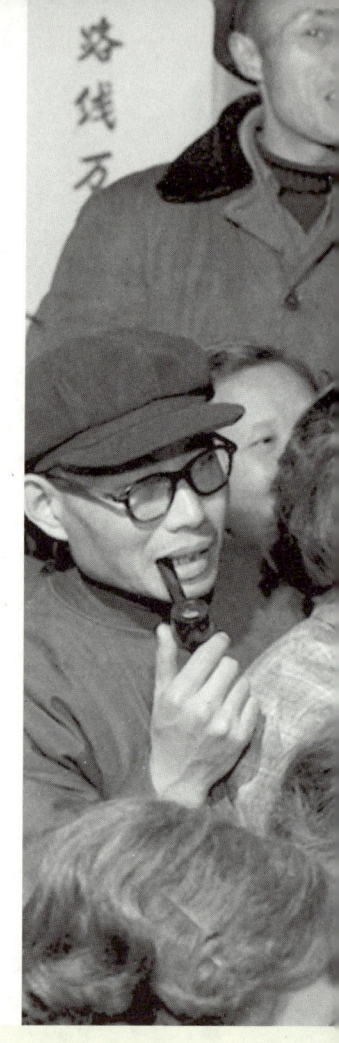

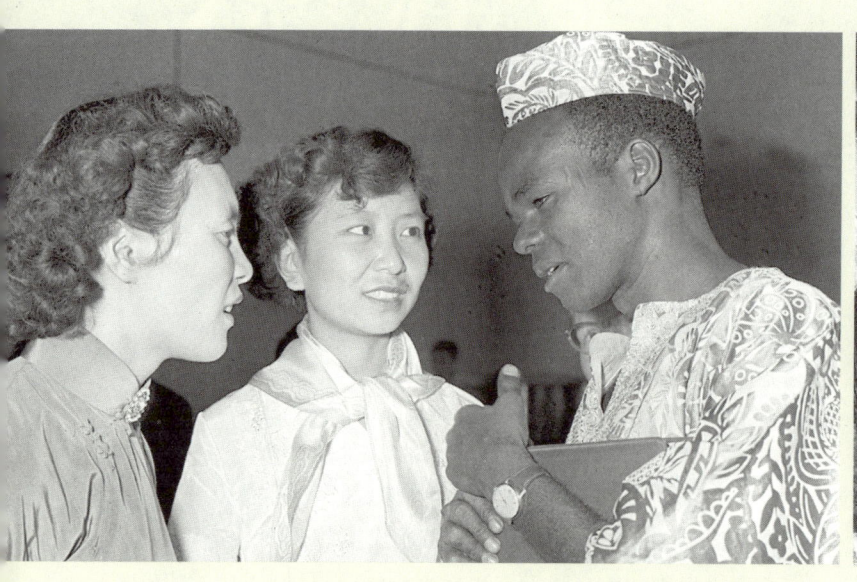

🔺 在第七届世青联欢节期间，中国代表、国棉十七厂纺织女工黄宝妹（中）和几内亚代表在一起亲切交谈。（新华社稿，宋天生 摄）

🔺 纺织女工黄宝妹（右）代表亲切交谈。（新华社

▲ 全国著名纺织女工黄宝妹是个爱好演戏、爱好歌唱的业余文艺爱好者。这是黄宝妹（前，右一）在文化宫里为工人同伴们表演越剧清唱。（新华社发，王子瑾 摄）

在招待会上和印度尼西亚青年记者 杜修贤 摄

▲ 1959年，伊拉克人民代表团在上海访问了中国著名劳动模范、纺织女工黄宝妹。这是代表团女团员和黄宝妹（右三）以及黄宝妹的母亲（左二）合影。（新华社发，霍生联 摄）

▲ 黄宝妹（左二）为医务人员讲述当年的工作经历。
（新华社记者 陈飞 摄）

民服务的，纺纱也是为人民服务，所以我就拼命干、拼命干。"

那时物资匮乏，上海纺织业又占据全国半壁江山，纺织厂算算账，"浪费一两皮辊花，等于三碗白米饭"。黄宝妹作为一名挡车女工，想方设法要减少纺纱过程中皮辊花的浪费。她探索出"单线巡回、双面照顾、不走回头路"的操作法，在全厂推广，不仅能节省三分之一人力，还可以让机器实现24小时不停运转。推广后，工厂实行了8小时工作制。

当时，在十七厂所有女工里，就数黄宝妹的皮辊花出得最少、浪费最少，她纺的23支纱只有0.3%的皮辊花。因为工作表现突出，1953年，黄宝妹从上海数十万名纺纱工人里脱颖而出，成为中国纺织工业

部劳动模范。1956年与1959年,她又两次被评为全国劳动模范。

"1956年,我在上海见到了毛主席。毛主席问我是做什么工作的。我说,我在纺织厂。毛主席说,纺织厂好,全国人民穿衣服,要靠你们了。"联想起自己坐火车去北京参加会议的路上,看到农民们只能赤膊在田里种庄稼的情形,黄宝妹将这句话做成了毕生的坚守:为民纺纱。

▶ 1959年,闻名全国的纺织能手,上海国棉17厂挡车工黄宝妹(左起第三人)率领全厂先进经验推广小组,帮助全厂90%以上的挡车工达到了能手水平。(新华社记者 杨溥涛摄)

▶ 这是上海国棉十七厂挡车工黄宝妹(左三)在表演技术。和出席过全国群英大会的代表们进一步交流先进经验。(新华社记者 夏道陵摄)

七一勋章相册

▲ 著名劳动模范国棉十七厂的黄宝妹（左二）等人正在准备写一部10万字以上的小说"黄宝妹"，叙述黄宝妹在平凡的劳动中如何形成了不平凡的共产主义思想。（新华社记者 陈娟美 摄）

▼ 1959年10月26日至11月8日，全国工业、交通运输、基本建设、财贸方面社会主义建设先进集体和先进生产者代表大会在北京举行。海国棉十七厂赵芳（左二）、上海国棉十七厂黄宝妹（右二）、西北国棉二厂刘濯尘（右一）等在一起交谈。（新华社记者 郑小箴 摄）

▲ 1960年1月29日，上海市组织了一个3500多人的工人代表团，分别访问了郊区11个县的农村，和人民公社社员们联欢。在访问中，全国先进生产者、上海国棉17厂细纱工黄宝妹（左）和南汇县新场公社植棉能手黄四妹互相交谈和勉励（传真照片）。
（新华社记者 霍生联 摄）

▼ 国营上海第十七棉纺织厂女工黄宝妹（右二）与其他全国劳动模范一起游览颐和园。（新华社记者 夏道陵 摄）

崔道植
传奇的英雄　无悔的忠诚

崔道植，男，朝鲜族，1934年6月生，1953年12月入党，吉林梅河口人，黑龙江省公安厅刑事技术处原正处级侦查员。我国第一代刑事技术警察、中国首席枪弹痕迹鉴定专家。60余年刑侦生涯，检验鉴定7000余件痕迹物证，参与办理1200余起重特大案件疑难痕迹检验鉴定，无一差错。研发现场痕迹物证图像处理、枪弹痕迹自动识别系统，填补国内多项技术空白。80多岁高龄仍忘我工作，参与破获久侦未破的系列案件。荣获"全国公安系统一级英雄模范""全国离退休干部先进个人"等称号。

▲ 崔道植在编写痕迹鉴定书（资料照片）。（新华社发）

▶ 警界的传奇

翻开泛黄的案件卷宗，一份刑侦重案的枪弹鉴定记录打开了一段尘封的历史。当年的惊心动魄跃然纸上，令人不由得屏住呼吸。

袭击军警、持枪抢劫杀人……"白宝山案"曾被称为"1997年中国十大案件之首"，轰动全国。

当时，北京、新疆两地都发生了涉枪大案，但现场除了几枚残留的弹头和弹壳，别无线索。案件谜团笼罩，人们惶恐不安。

"在崔老介入之前，'白宝山'的名字并未走入侦查员的视野。"公安部物证鉴定中心副巡视员班茂森对这段刑侦史上的经典案例仍印象深刻。

🔺 崔道植（左一）在法国与同行进行学术交流（资料照片）。（新华社发）

🔻 崔道植在讲解牙痕检验课程（资料照片）。（新华社发）

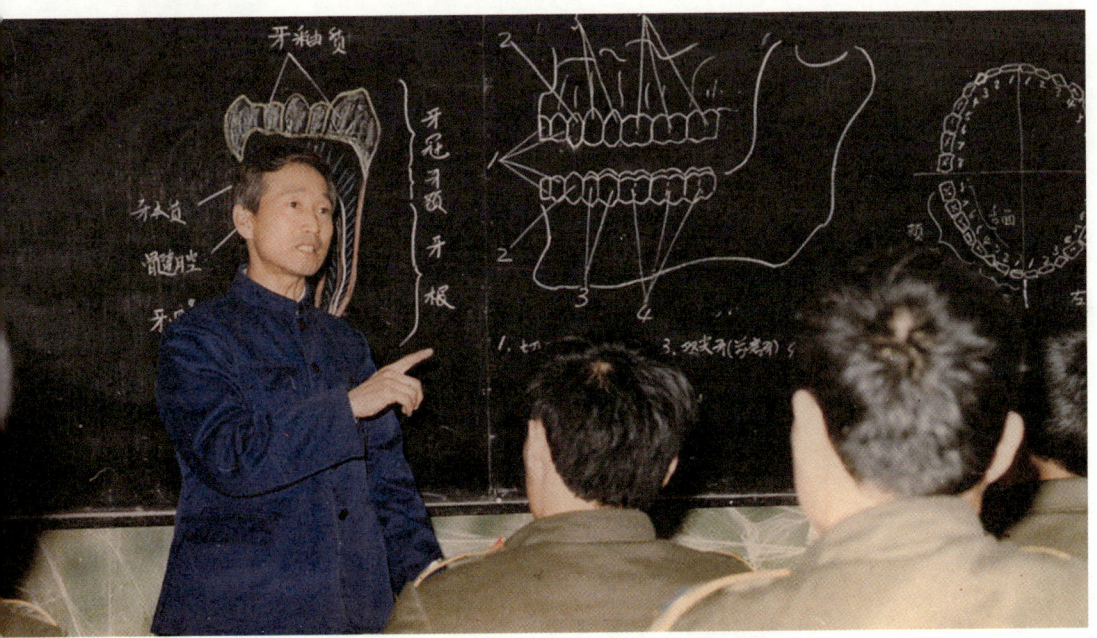

七一勋章相册

　　北京和新疆，相距3000多公里，两案是否有关联？没人能够说清。

　　"这两地的子弹是不是一支枪打出来的？老崔，你有把握鉴定出来吗？"公安部的一位领导将电话直接打到了崔道植的家里。

　　身在黑龙江的崔道植一直在密切关注这几起案件。他沉思半晌："这个能鉴别，但要有一点经验才行。"

　　"好，你马上买机票来新疆，我们等你！"

　　乌鲁木齐的夜，寂静悠长。一位身材清瘦的老人，踏着夜色，匆匆赶来。

▲ 在黑龙江省公安厅刑事技术总队实验室中，崔道植（左）和三儿子崔英滨在进行痕迹检验工作。（新华社记者 王松 摄）

"最美奋斗者"崔道植。（新华社发）

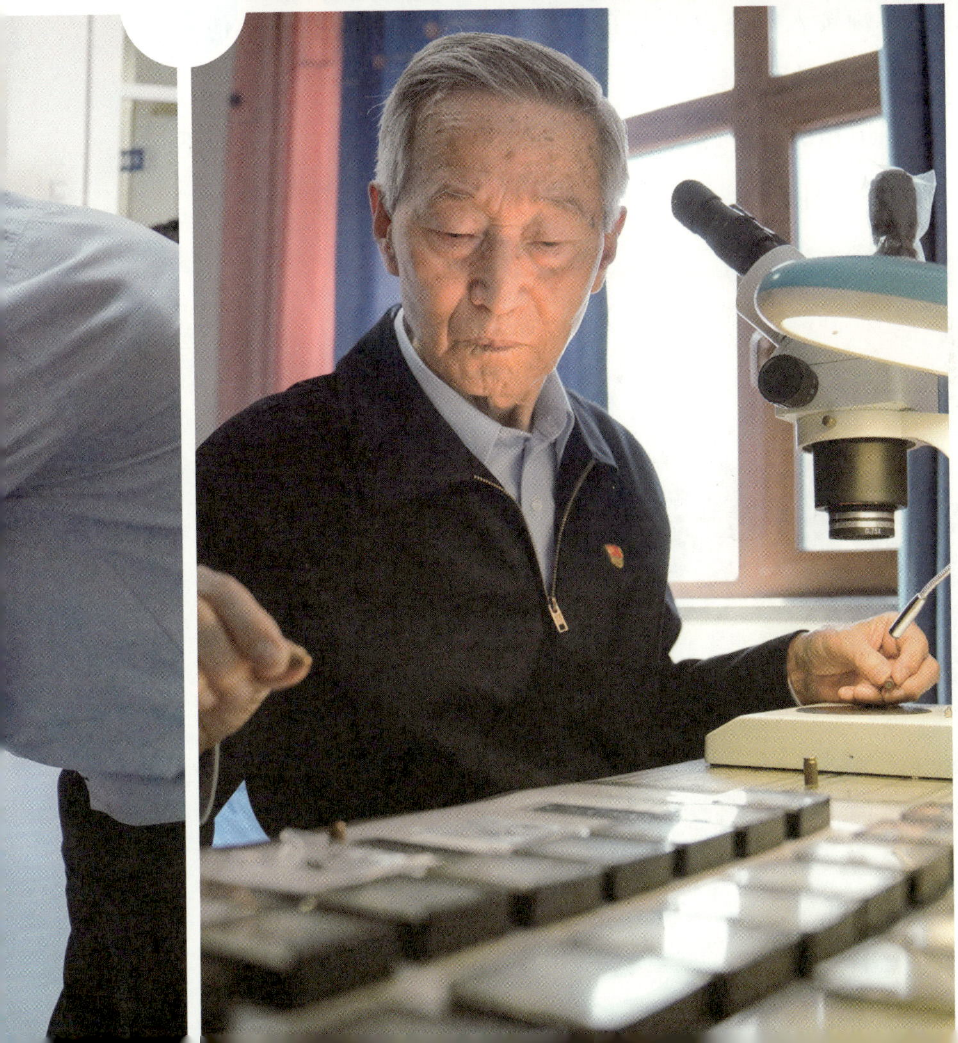

在哈尔滨市松北区老年公寓房间中，崔道植在进行痕迹检验实验。（新华社记者 王松 摄）

痕迹检验，是刑侦工作的重要一环，利用专门的技术，对与犯罪事件有关的人或物留下的手印、脚印、弹痕等各种痕迹进行勘验、分析和鉴定，为破案提供科学依据和侦查方向。

作为新中国最早研究枪弹痕迹的专家，在射击弹壳与弹头中辨别各种纤如发丝的痕迹，是崔道植的"独门绝技"。经他研究过的各类枪支子弹数以万计，"看痕知枪"的眼力和经验，是在一枪一弹的检验实践中磨砺出来的。

经过三天两夜的鉴定，崔道植得出了一个惊人结论：北京、新疆两地的弹壳为同一支"八一式"步枪发射，可将两地案件并案侦查。

很快，犯罪嫌疑人白宝山进入了警方视野。一度气焰嚣张的他未曾想到，自己的终极对手，竟是一位身材清瘦的老人。

那一年，崔道植63岁，作为国内首屈一指的痕检专家，他退而不休，仍奋战在刑侦工作一线。

◀ 在哈尔滨市松北区老年公寓房间中，崔道植在进行痕迹检验实验。
（新华社记者 王松 摄）

蓝天野

"未来可期,不言别!"

蓝天野,男,汉族,1927年5月生,1945年9月入党,河北饶阳人,北京人民艺术剧院原演员、导演。将一生奉献给人民文艺事业。青年时代参加革命,从事进步文艺活动。解放后,出演或导演《蜕变》《茶馆》《家》等数十部优秀文艺作品,塑造众多经典人物形象。传承艺术艺德,发掘和培养一大批文艺界领军人才,为中国话剧艺术繁荣发展作出重大贡献。荣获"全国优秀共产党员"称号和"中国戏剧奖·终身成就奖""全国德艺双馨终身成就奖"等。

◀ 93岁高龄蓝天野参加北京人艺话剧《家》演出,扮演冯乐山。(新华社发,史春阳摄)

▶ 境界修为激励后辈

蓝天野虽然是《家》中的"大家长",但平易近人、思想开明,跟剧组中的几代演员都能聊到一起,玩到一块儿。在《家》中扮演觉新的荆浩在蓝老化妆间的门贴上写上"神仙居"几个大字,并在"蓝

天野"名字旁边画上戏中台词提到的"竹子"。女演员们化好妆换好服装后也都争先恐后跟蓝老合影。在剧中扮演"觉英"的12岁小演员每天换场时还会特意等在蓝老化妆间门口为蓝爷爷开门。不演戏时,演员们也经常在蓝老的朋友圈中互相开玩笑,看到蓝老朋友圈发对剧组"依依不舍"的内容,卢芳、张培等人都纷纷留言"我们真是爱您呀!""不分开……"

2020年10月14日,93岁高龄老艺术家蓝天野登台,在参加北京人艺话剧《家》带妆彩排前化妆。(新华社发,史春阳摄)

为纪念曹禺先生诞辰110周年,北京人民艺术剧院话剧《家》于2020年10月15日至25日在首都剧场上演,蓝天野在排练厅拿着话剧《家》的剧本。(新华社发,史春阳摄)

李六乙导演多次感慨道:"家有一老是一宝,蓝老就是我们大家的宝,是人艺的宝。看到他在舞台上深深鞠躬谢幕,我在台侧动容泪目。他93岁高龄的艺术精神、境界修为和对后辈的责任感,让我和台前幕后所有演职员都兴奋不已、感激不尽!"

面对着自己深爱的舞台、温馨的剧组、充满活力的同仁,蓝天野依然葆有旺盛的创作力,他透露自己今年年底、明年年初还将复排

▼ 2012年6月12日北京人艺建院六十周年座谈会在京举行,蓝天野代表老演员在座谈会上讲话。(新华社发,李晏 摄)

▶ 1958年3月，《茶馆》由北京人民艺术剧院首次上演。这是最后一幕，在解放前夕的大茶馆里，秦仲义（蓝天野饰）、王利发（于是之饰）、常四爷（郑榕饰）（左至右）三位老人聚在一起。（新华社发）

▶ 2012年9月14日北京人艺年度原创大戏《甲子园》在京首演，老艺术家蓝天野（左）和吕中（右）在《甲子园》的演出中。（新华社记者 唐师曾 摄）

▶ 2004年5月27日，北京人民艺术剧院老演员蓝天野（左）与朱旭在话剧《茶馆》500场纪念演出前畅谈往事。（新华社记者 李俊东 摄）

◀ 1979年蓝天野在著名剧作家曹禺创作的新编历史剧《王昭君》中扮演匈奴呼韩邪单于。（新华社记者 顾德华 摄）

《吴王金戈越王剑》，他还计划为北京人艺新建的曹禺剧场排演一部曹禺的剧作，并且还想再登台演戏，"未来可期，不言别！盼望再同台！"

▲ 2012年5月25日，北京人艺1959年版《蔡文姬》中的老一辈表演艺术家苏民（前中）、蓝天野（前右）在复排版《蔡文姬》演出前与观众见面。（新华社记者 公磊 摄）

魏德友
为国戍边　初心不改

魏德友，男，汉族，1940年11月生，1983年6月入党，山东沂水人，新疆生产建设兵团第九师161团1连退休职工。兵团精神的典型代表。把家安在边境线上，为国巡边50多年，劝返和制止临界人员千余人次，管控区内未发生一起涉外事件，他的家被称为"不换防的夫妻哨所"。巡边总里程达20多万公里，相当于绕赤道5圈，被誉为边境线上的"活界碑"。荣获"全国道德模范""时代楷模"等称号。

▶ 半个世纪的孤独坚守

1964年,24岁的魏德友响应号召从北京军区转业到新疆生产建设兵团,与30多名战友远赴万里之外的茫茫戈壁屯垦守边。半个多世纪过去,荒凉的草原就剩下了魏德友夫妇。

现在,魏德友几乎过着与世隔绝的生活:土屋孤零零矗立在草原上,屋子里没有通上电,功率不大的太阳能发电机只能支持简单照明。夫妇俩一辈子吃自己种的菜,米面需要翻越几十公里牧道才能送进来,喝的是门口井里打出来的盐碱水。

魏德友告诉记者,他和老伴前半辈子就住在地窝子里,一住就是20多年。后来,边防连刚好在拆土平房,拆出来不少土块和木头,官兵利用空闲时间给他盖了个像样的住处。

萨尔布拉克草原地势平缓,边境线缺少天然屏障,护边员的

「最美奋斗者」建议人选魏德友。（新华社发）

作用至关重要。52年守边生涯，魏德友在远离故土的地方义务巡边近20万公里，相当于绕地球赤道5圈，劝返和制止临界人员千余人次，堵截临界牲畜万余只，未发生一起涉外事件。

守边守了快一辈子，魏德友总说自己没有做什么事情。他告诉记者，守边是工作和职责，守着守着就习惯了，就一直干下去了，就这么简单。

然而，半个世纪的孤独坚守又岂会这么简单？

为了守边，魏德友50多年只见过母亲一面，父母临终时，他两次因大雪封山回不去见最后一面而悔恨终身；为了守边，他在

▼ 魏德友赶着羊群走过一片废弃的房屋，每年转场的牧民走后，就只剩下他一家留在这里。（新华社记者 江文耀 摄）

▲ 拼版照片：左图为魏德友年轻参军时的照片；右图为放羊途中的魏德友（资料照片）。（新华社发）

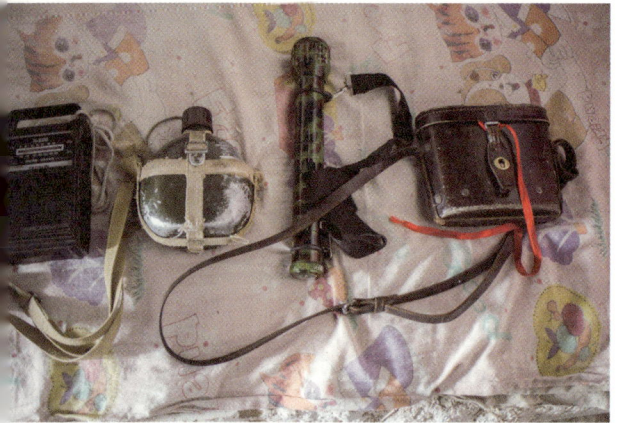

▲ 魏德友出门巡边的必备物品。（新华社记者 江文耀 摄）

▲ 拼版照片：左图为魏德友在巡边间隙休息；右图为边境界碑（资料照片）。（新华社发）

极端恶劣的天气下坚持巡逻，几次与死神擦肩而过；为了守边，他几次遭人恶意报复，一次就损失羊几百只。

1987年冬天，魏德友骑马巡边突遇暴风雪，风太大，马都只能侧着头走，很快就迷了路。经过5个多小时的煎熬，已近绝望的魏德友被边防战士救起，才逃过一劫。半夜回到家，看到他冻得浑身哆嗦，担惊受怕了一晚上刚想埋怨两句的妻子，低下头，独自落泪。

▼ 边防派出所的官兵巡逻至此和魏德友交谈。（新华社记者 江文耀 摄）

第三篇
获奖者事迹及
人生精彩瞬间

▲ 2017年1月21日，由新华社举办的"中国网事·感动2016"颁奖典礼在北京举行。这是"守边老人"魏德友（左）在典礼现场接受主持人采访。（新华社记者 李贺 摄）

新疆生产建设兵团161团二连被裁撤的时候，原本可以被分到离城市更近的连队，但魏德友还是主动留下来，停薪留职，放牛羊养活一家人。2002年，魏德友夫妇退休，在山东工作的子女劝父母回乡养老，但执拗的魏德友说什么也不肯。后来，子女又在团场买了房子，但老两口一天也没有去住过。

七一勋章相册

▲ 魏德友赶着羊群在萨尔布拉克草原上放牧，每年转场的牧民走后，就只剩下他一家留在这里。（新华社记者 江文耀 摄）

◀ 冬日里巡边的魏德友。（新华社发，杨佰斌 摄）

瞿独伊

与党同岁赓续红色基因
满腔热情一生忠诚为党

瞿独伊,女,汉族,1921年11月生,1946年8月入党,浙江萧山人,新华通讯社原国际新闻编辑部干部。赓续红色基因的革命先烈后代。1941年被捕入狱,面对敌人威逼利诱,绝不屈服。立足本职岗位,勤勤恳恳奉献。开国大典上,用俄语向全世界播出毛主席讲话,作为我国第一批驻外记者赴莫斯科建立新华社记者站,其间多次担任周总理和中国访苏代表团的翻译。一生淡泊名利,从不向党伸手,从不搞特殊化,始终保持共产党员的精神品格和崇高风范。

▶ 生死考验"不用考虑"

1935年6月18日,福建长汀中山公园凉亭前,瞿秋白神色泰然,留下生命最后的定格。

那一年,瞿独伊14岁,偶然从《共青团真理报》上得悉噩耗,哭出病来。

当时,她已与父亲瞿秋白、母亲杨之华阔别五载。革命伴侣"秋之白华"回到白色恐怖下的中国开展党的工作,不得不把女儿留在苏联儿童院,归国前甚至没有透露行踪,行至柏林时给女儿寄去一张印有鲜花的明信片。

1941年苏德战争爆发后,根据组织上的决定,瞿独伊与母亲杨之华等在苏联工作的同志启程经新疆回国。1942年,当地军阀盛世才投向国民党,软禁、逮捕了包括她们母女在内中共在疆人员及家属150余人。

▶ 瞿秋白从德国返回莫斯科时与夫人杨之华及女儿瞿独伊合影。(新华社发)

国共重庆谈判后,我党积极斡旋营救之际,国民党抓紧审讯,想诱降或逼迫一些人脱党。档案上记录了一次审讯瞿独伊的片段:

敌人问:"你还是拥护共产党、替她辩护吗?你需要考虑现在是生死两条路。"

瞿独伊答:"我始终信仰共产主义,不用考虑,我已经谈过,共产党是为国家民族利益而奋斗的,我就是要为民族独立、民权自由、民生幸福而奋斗,死了也是光荣的。"

"不用考虑!"这是瞿独伊的答案,也是她对父辈、对先烈、对战友的呼应。

▶ 向世界播报新中国喜讯

回到延安后,瞿独伊与在新疆期间相知相爱结成伴侣的李何一同被分配到新华社工作。1949年10月1日是她"永生难忘"的一天。在父亲牺牲14年后,她替父亲见证了他曾为着劳苦大众深切热盼的"光明"。

据瞿独伊1999年撰写的回忆文章,当天她为苏联文化艺术代表团担任翻译,参加了开国大典观礼,位于西观礼台靠近城楼的一侧,能清楚地看到毛主席。

典礼还在进行中,廖承志找到她,急切地说:"独伊,快到广播电台去,用俄语广播毛主席的宣言。"就这样,瞿独伊成为第一个向世界播报新中国成立喜讯的记者。

瞿独伊也是新中国面向世界的最早亲历者和记录者。

1950年3月,瞿独伊与李何被任命为新中国第一批驻外记者,到莫斯科建立新华社记者站。当时,除了外交官,他们是最早一批代表新中国走向世界的中国人。

▲ 2011年6月25日，53名革命先辈的后人相聚乌鲁木齐，共同追寻父辈们的光辉足迹、回顾党的光辉历程。这53名代表包括瞿秋白之女瞿独伊（左四）、陈潭秋之子陈楚三、林基路之子林洪海、毛泽民之子毛远新和曾在新疆革命工作过的共产党员、革命志士的子女。（新华社记者 王菲 摄）

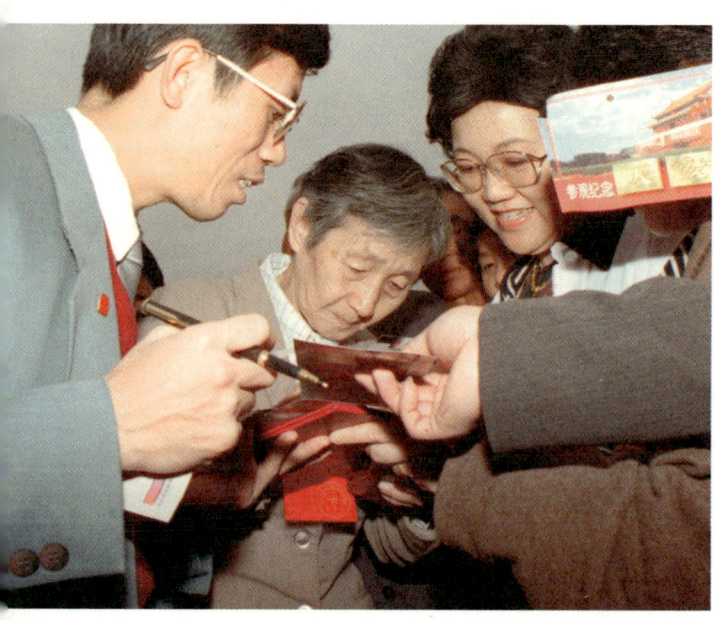

◀ 1996年10月1日，参加国庆活动的老红军、老革命代表到毛主席纪念堂参观时与一批观光旅游的香港同胞邂逅。当香港同胞得知与老红军、老革命代表一起参观的瞿独伊（左三）是我党老一辈革命家瞿秋白烈士的女儿时，纷纷向她表示敬意并请她在参观券上签名留念。（新华社稿，唐京伟摄）

▲ 2011年6月22日电影《秋之白华》在北京举行新闻发布会，会上瞿独伊展示瞿秋白送给杨之华的"秋之白华"印章。（新华社记者 金良快 摄）

在北京的家中,瞿独伊(左)和女儿李晓云向记者展示家人的相册。(新华社记者 才扬摄)

在莫斯科期间,二人身兼数职,既是记者、通讯员,又是译电员、抄写员、打字员、翻译。瞿独伊精通俄文,爱人李何则是"大笔杆子",两人一俄一中亲密搭档,采写了大量报道。她还为使馆和国内代表团做了大量翻译工作,包括为出访苏联的周恩来总理担任翻译。

艰苦忙碌的驻外工作中,他们采写的各类报道在国内获得广泛采用。

致 谢

　　本书采用的图片，部分来自新华通讯社搜集或整理的照片，因无具名，只在图注里表明了单位名称；其余绝大部分为新华通讯社独家采访拍摄，摄影作者按图片先后顺序排列，他们是：李贺、金良快、翟健岚、岳月伟、丁海涛、姚大伟、高洁、黄博涵、郑远、于杰、谢环驰、宋国强、郭程、冯大鹏、戴丹华、王鹏、贾浩成、彭昭之、薛宇舸、刑广利、陶明、李一博、陈钢、刘潇、张晨、任珑、王子瑾、刘颖、才扬、张领、任军川、虞东升、贾立君、马占成、张宁、蔺以光、李启华、袁晔、邵杰、默罕默德·巴比克尔、杨青、刘宇、李玮、芦静、徐超、王晔、李志刚、陈健力、周牧、吴刚、韩瑜庆、温家林、王呈选、张玉薇、江文耀、陈欣波、杨跃萍、王秀丽、金立旺、楚英、牛畏予、刘建国、李俊磊、刘芳、何生盼、范培坤、郎兵兵、林善传、普布扎西、潘旭、邓良奎、王曦、孙恕、刘丹、刘续、欧东衢、崔博文、宋天生、杜修贤、霍生联、陈飞、杨溥涛、夏道陵、陈娟美、郑小箴、王松、史春阳、李晏、唐师曾、李俊东、顾德华、公磊、张晓龙、杨佰斌、白瑞雪、王菲、唐京伟、金良快。

　　书中文字资料主要来自新华通讯社通讯稿，按文章先后顺序排列，他们是：吴晶、任沁沁、屈婷、丁小溪、徐海涛、王菲、赵叶苹、贾启龙、艾福梅、史卫燕、薛宇舸、黄垚、姜辰蓉、许晓青、魏婧宇、马卓言、于力、高爽、马锴、赵戈、董博婷、陈诺、赵静、田晓航、沐铁城、庞明广、周磊、宋晨、毛茵、琚振华、王天益、张华迎、多吉占堆、边巴次仁、春拉、谢佼、张汩汩、蒋龙、李云舒、薛鹏、李惊亚、李凡、徐海涛、周琳、姜潇、梁书斌、熊丰、王润、何军、张晓龙、孙浩。

  本书编写组特别向以上摄影作品和相关稿件的作者表示衷心的感谢！

编　者

2021年9月9日